Hugo Franz von Brachelli

Statistische Skizze des Deutschen Reiches

nebst Luxemburg und Liechtenstein Ergänzung

Hugo Franz von Brachelli

Statistische Skizze des Deutschen Reiches
nebst Luxemburg und Liechtenstein Ergänzung

ISBN/EAN: 9783743465985

Hergestellt in Europa, USA, Kanada, Australien, Japan

Cover: Foto ©ninafisch / pixelio.de

Weitere Bücher finden Sie auf **www.hansebooks.com**

Statistische Skizze

des

Deutschen Reich

nebst Luxemburg und Liechtenstein.

Von

Dr. H. F. Brachelli,

k. k. o. ö. Professor in Wien.

Zweite vollständig umgearbeitete Auflage.

Ergänzung zu der siebenten Auflage von
Stein und Hörschelmann's Handbuch der Geographie und Statistik.

Leipzig 1872
J. C. Hinrichs'sche Buchhandlung.

Inhalts-Ueberſicht.

Deutsches Reich.

Flächeninhalt und Bevölkerung.

Das Deutsche Reich ist durch die vom Norddeutschen Bunde mit Baden und Hessen am 15., mit Bayern am 23. und mit Württemberg am 25. November 1870 zu Versailles abgeschlossenen Bündnißverträge entstanden. Es besteht aus dem König= reiche Preußen mit dem Herzogthume Lauenburg, den Königreichen Bayern, Sachsen und Württemberg, den Großherzogthümern Baden, Hessen, Mecklenburg=Schwerin, Sachsen=Weimar, Mecklenburg=Strelitz und Oldenburg, den Herzogthümern Braunschweig, Sachsen=Meiningen, Sachsen=Altenburg, Sachsen=Koburg=Gotha und Anhalt, den Fürsten= thümern Schwarzburg=Rudolstadt, Schwarzburg=Sondershausen, Waldeck, Reuß älterer Linie, Reuß jüngerer Linie, Schaumburg=Lippe und Lippe, den freien Hansestädten Lübeck, Bremen und Hamburg und dem unmittelbaren Reichslande Elsaß=Lothringen [1]). Der Flächeninhalt in geographischen und in neuen deutschen Quadrat=Meilen [2]) und die Bevölkerung nach der Zählung vom 3. December 1867 (beide auf Grund der Publicationen der betreffenden statistischen Bureaux oder anderer amtlicher Angaben) sind aus folgender Uebersicht zu entnehmen:

Staaten u. Provinzen.	Geogra- phische Quadr.-Meilen.	Neue deutsche	Bevölkerung am 3. Decbr. 1867.			Bewoh- ner auf 1 geogr. Q.-M.
			Männlich.	Weiblich.	Zusammen.	
Preußen mit Lauenburg	6396,23	6261,27	11,913,17*	12,126,490	24,039,668	3761
Provinz Brandenburg	724,44	709,15	1,358,160	1,357,862	2,716,022	3749
⸱ Pommern	574,69	562,76	714,427	731,208	1,445,635	2515
⸱ Sachsen	458,28	448,61	1,027,851	1,039,215	2,067,066	4510
⸱ Schlesien	731,80	716,36	1,725,535	1,860,217	3,585,752	4900
⸱ Posen	525,76	514,67	750,401	786,937	1,537,338	2924
⸱ Preußen	1179,37	1154,49	1,514,398	1,576,562	3,090,960	2621
⸱ Westfalen	366,87	359,13	867,043	840,683	1,707,726	4655
⸱ Rheinland	489,78	479,45	1,748,745	1,706,738	3,455,483	7055
⸱ Hessen-Nassau	283,21	277,24	675,521	704,224	1,379,745	4870
⸱ Hannover [3])	698,74	683,99	965,313	972,324	1,937,637	2773
⸱ Schleswig-Holstein . .	320,81	314,04	490,803	490,915	981,718	3060
Hohenzollern'sche Lande	20,74	20,30	31,187	33,445	64,632	3116
Jade-Gebiet	0,25	0,24	1,419	329	1748	6992
Militär außer dem Lande	—	—	17,108	1120	18,228	—
Herzogthum Lauenburg	21,29	20,84	25,267	24,711	49,978	2347
Bayern	1377,78	1349,71	2,374,962	2,449,459	4,824,421	3502
Kreis Ober-Bayern	309,59	303,06	420,558	407,111	827,669	2673
⸱ Nieder-Bayern	195,55	191,42	292,219	302,292	594,511	3040
⸱ Ober-Pfalz u. Regensburg .	175,52	171,*2	236,616	254,679	491,295	2799
⸱ Ober-Franken	127,11	124,43	259,903	275,157	535,060	4209
⸱ Mittel-Franken	137,24	134,34	283,054	296,634	579,688	4224
⸱ Unter-Franken u. Aschaffenburg	152,52	149,30	285,000	299,972	584,972	3835
⸱ Schwaben u. Neuburg . . .	172,41	168,77	287,207	297,953	585,160	3394
⸱ Pfalz	107,84	105,57	310,405	315,661	626,066	5806

Staaten u. Provinzen.	Geogra= phiſche Quabr.-Meilen.	Neue deutſche Meilen.	Bevölkerung am 3. Decbr. 1867.			Bewoh- ner auf 1 geogr. Q.-M.
			Männlich.	Weiblich.	Zuſammen.	
Sachſen	273,07	267,31	1,184,337	1,236,697	2,421,034	8866
Regierungs-Bezirk Dresden .	78,93	77,26	310,836	327,958	638,794	8093
" " Leipzig . .	65,24	63,87	271,831	280,335	552,166	8464
" " Zwickau. .	84,26	82,48	447,177	461,348	908,525	10,782
" " Bautzen .	44,64	43,70	154,493	167,056	321,549	7203
Württemberg	354,29	346,81	860,697	917,699	1,778,396	5020
Neckar-Kreis	60,43	59,15	254,969	269,025	523,994	8671
Schwarzwald-Kreis	86,71	84,88	213,195	231,772	444,967	5132
Jagſt-Kreis	93,39	91,42	184,633	197,522	382,155	3985
Donau-Kreis	113,76	111,36	207,900	219,380	427,280	3756
Baden	278,07	272,20	700,621	734,349	1,434,970	5160
Landescommiſſ.-Kreis Conſtanz .	79,30	77,63	133,907	139,953	273,860	3453
" " Freiburg .	86,38	84,55	208,885	224,165	433,050	5013
" " Karlsruhe	46,89	45,90	172,114	177,829	349,943	7463
" " Mannheim	65,50	64,12	195,715	192,402	378,117	5773
Elſaß-Lothringen[1]	262,60	257,06	780,044[2]	817,135[2]	1,597,179[3]	6060
Nieder-Elſaß	86,03	84,21	295,178	315,403	610,581	7097
Ober-Elſaß	63,67	62,33	230,942	242,363	473,305	7434
Deutſch-Lothringen	112,90	110,52	253,924	259,369	513,293	4546
Heſſen	139,64	136,69	404,558	418,580	823,138	5895
Provinz Starkenburg . . .	54,86	53,70	165,873	171,025	336,898	6141
" Ober-Heſſen . . .	59,77	58,51	124,149	127,216	251,365	4206
" Rhein-Heſſen	25,01	24,48	114,536	120,339	234,875	9391
Thüringiſche Staaten	223,74	219,01	513,175	535,000	1,048,175	4685
Sachſen-Weimar-Eiſenach . .	65,79	64,40	138,798	144,130	282,928	4300
" Meiningen	44,85	43,90	88,179	92,156	180,335	4021
" Koburg-Gotha . . .	36,04	35,28	82,001	86,850	168,851	4685
" Altenburg	24,00	23,49	69,291	72,135	141,426	5893
Schwarzburg-Rudolſtadt . .	17,47	17,10	36,989	38,127	75,116	4300
" Sondershauſen .	15,63	15,30	32,996	34,537	67,533	4321
Reuß älterer Linie	4,99	4,89	21,721	22,168	43,889	8795
" jüngerer Linie	14,97	14,65	43,200	44,897	88,097	5885
Mecklenburg	291,14	285,00	322,570	336,868	659,438	2265
Mecklenburg-Schwerin . . .	241,65	236,55	274,301	286,367	560,668	2320
" Strelitz	49,49	48,45	48,269	50,501	98,770	1996
Oldenburg	116,22	113,77	156,279	159,343	315,622	2716
Braunſchweig	67,16	65,74	151,204	151,588	302,792	4509
Anhalt	44,25	43,32	97,344	99,697	197,041	4453
Walbeck-Pyrmont	20,36	19,93	26,461	30,346	56,807	2790
Lippe	21,00	20,56	56,748	55,795	112,543	5339
Schaumburg-Lippe	8,00	7,83	15,369	15,799	31,168	3869
Hanſeſtädte	17,32	16,95	226,930	235,902	462,832	26,722
Lübeck	5,21	5,10	23,106	25,432	48,539	9316
Bremen	4,67	4,57	53,187	55,911	109,098	23,361
Hamburg	7,44	7,28	150,637	154,559	305,196	41,021
Summe für das Deutſche Reich	9890,87	9682,16	19,784,477	20,320,747	40,105,224	4055

Schätzt man die Bevölkerung des Deutſchen Reichs in ſeiner gegenwärtigen Aus=
dehnung für Ende des Jahres 1834 auf 29 $\frac{2}{10}$ Mill. Menſchen, ſo ergiebt ſich im
Durchſchnitte der Jahre 1834—67 ein jährlicher Zuwachs der Volksmenge von 1,13 Proc.

---

1) Vgl. K. Grämer, das neue deutſche Reichsland Elſaß mit Deutſch-Lothringen, in der Zeitſchrift des kön. preuß. ſtatiſtiſchen Bürean's, Berlin 1871, Heft I. u. II.
2) Approrimative Berechnung.
3) Volkszählung v. 31. Decbr. 1866.

Bewegung der Bevölkerung.

Ueber die Anzahl der Trauungen, Geburten und Sterbefälle in den größeren Bundesstaaten in der jüngsten Zeit theilen wir nach den amtlichen Aufzeichnungen folgende Daten mit:

Bundesstaaten.	Trau- ungen.	Geburten.			darunter		Sterbefälle (ohne Todt- geborene.)		
		Männ- lich.	Weib- lich.	Zusam- men.	todte	unehe- liche	Männ- lich.	Weib- lich.	Zusam- men.
Preußen (1867) . .	222,466	473,995	447,803	921,798	73,327	75,962	318,772	296,080	614,852
Bayern (1868—69) .	59,726	99,176	92,854	192,030	6806	34,392	78,911	73,470	152,381
Sachsen (1867) . .	22,077	50,685	47,495	98,180	4166	14,399	34,844	32,005	66,849
Württemberg (1869) .	?	40,533	38,571	79,104	?	10,518	30,590	28,271	58,861*)
Baden (1868)	12,378	28,211	26,745	54,956	1839	7016	20,758	19,131	39,889
Elsaß (Jahresdurchschn. 1861—1866) . . .	8445	20,493	19,056	39,549	1963	4122	14,305	14,148	28,453
Hessen (1868)	8665	15,440	14,453	29,893	1263	3748	10,940	10,536	21,476
Mecklenburg-Schwerin (1870)	4378	9850	9266	19,116	968	2700	6052	6202	12,254

Verglichen mit der Bevölkerung vom Ende 1867 ergeben sich folgende Verhält- nißziffern, welchen wir auch die Procentzahlen der unehelichen Geburten anschließen:

	1 Trauung auf Bewohner.	1 Geburt auf Bewohner.	1 Sterbefall auf Bewohner.	Auf 100 Ge- burten kommen uneheliche.
Preußen	107,8	26,0	39,0	8,2
Bayern	80,8	25,1	31,7	17,9
Sachsen	109,7	24,7	36,2	14,7
Württemberg	?	22,5	30,2	13,3
Baden	116,0	26,1	36,0	12,8
Elsaß	132,5	28,3	39,3	10,4
Hessen	95,0	28,0	38,3	12,5
Mecklenburg-Schwerin . .	128,0	29,3	45,8	14,1

Hauptstädte und Orte mit mindestens 20,000 Einwohnern.

Die Bevölkerung der Städte mit mindestens 20,000 Einwohnern, sowie der Haupt- und Residenzstädte (die mit einem Sternchen bezeichnet sind), belief sich nach der Zählung vom 3. Decbr. 1867 (für Elsaß-Lothringen vom 31. Decbr. 1866) auf nachstehende Ziffern — incl. Militär:

*Berlin (Preußen, Prov. Brandenburg) 702,437
Hamburg 224,974
Breslau (Preußen, Prov. Schlesien) 171,926
*München (Bayern) 170,688
*Dresden (Sachsen) 156,024
Köln (Preußen, Rheinprovinz) 125,172
Königsberg (Preußen, Prov. Preußen) 106,296
Leipzig (Sachsen) 90,824
Danzig, (Preußen, Prov. Preußen) 89,311
Straßburg (Elsaß) 84,167
Magdeburg (Preußen, Prov. Sachsen) 78,552
Frankfurt am Main (Preußen, Prov. Hessen-Nassau) 78,277
Nürnberg (Bayern) 77,895
*Stuttgart (Württemberg) 75,781
Bremen 74,574
Hannover (Preußen, Prov. Hannover) 73,979
Stettin (Preußen, Prov. Pommern) 73,714
Aachen (Preußen, Rheinprovinz) 68,178
Altona (Preußen, Pr. Schleswig-Holst.) 67,350
Elberfeld (Preußen, Rheinprovinz) 65,321

Barmen (Preußen, Rheinprovinz) . . 64,945
Düsseldorf (Preußen, Rheinprovinz) . 63,389
Mühlhausen (Elsaß) 58,773
Chemnitz (Sachsen) 58,573
Metz (Lothringen) 54,617
Crefeld (Preußen, Rheinprovinz) . . 53,821
Posen (Preußen, Prov. Posen) 53,392
Mainz (Hessen) 50,649
*Braunschweig (Braunschweig) 50,502
Augsburg (Bayern) 50,067
Halle an d. Saale (Preußen, Prov. Sachsen) 48,946
Potsdam (Preußen, Prov. Brandenburg) 42,863
Würzburg (Bayern) 42,185
Erfurt (Preußen, Prov. Sachsen) . . 41,760
Kassel (Preußen, Prov. Hessen-Nassau) 41,587
Frankfurt a.d. Oder (Preußen, Pr. Brandenburg) 40,994
Essen (Preußen, Rheinprovinz) . . . 40,695
Lübeck 36,998
Görlitz (Preußen, Prov. Schlesien) . 36,689

*) Incl. d. Todtgeborenen, die etwa 4 Proc. der Geburten ausmachen.

Mannheim (Baden)	34,017	Flensburg (Preußen, Schleswig-Holstein)	21,999
Dortmund (Preußen, Prov. Westfalen)	33,453	Trier (Preußen, Rheinprovinz) . . .	21,849
*Karlsruhe (Baden)	32,004	Freiburg (Baden)	20,792
*Darmstadt (Hessen)	31,389	Freiberg (Sachsen)	20,566
Regensburg (Bayern)	30,357	Plauen (Sachsen)	20,508
Wiesbaden (Preußen, Prov. Hessen-Nassau)	30,085	Offenbach (Hessen)	20,292
Rostock (Mecklenburg-Schwerin) .	29,849	Nordhausen (Preußen, Prov. Sachsen)	20,183
Elbing (Preußen, Prov. Preußen) . .	28,055	Liegnitz (Preußen, Prov. Schlesien) .	20,069
Stralsund (Preußen, Prov. Pommern)	27,593	*Gotha (Sachsen-Koburg-Gotha) . .	19,151
Koblenz (Preußen, Rheinprovinz) . .	27,112	*Altenburg (Sachsen-Altenburg) . .	18,482
Bromberg (Preußen, Prov. Posen) . .	26,662	*Dessau (Anhalt)	16,904
Bamberg (Bayern)	25,972	*Gera (Reuß jüngerer Linie)	16,323
Duisburg (Preußen, Rheinprovinz) .	25,757	*Weimar (Sachsen-Weimar-Eisenach).	14,794
Brandenburg (Preußen, Prov. Brandenburg)	25,516	*Oldenburg (Oldenburg).	14,226
Münster (Preußen, Prov. Westfalen).	25,453	*Koburg (Sachsen-Koburg-Gotha) .	11,524
Halberstadt (Preußen, Prov. Sachsen)	25,336	*Greiz (Reuß älterer Linie)	10,644
*Schwerin (Mecklenburg-Schwerin) .	25,035	*Neu-Strelitz (Mecklenburg-Strelitz) .	8440
Ulm (Württemberg)	24,739	*Meiningen (Sachsen-Meiningen) .	8212
Zwickau (Sachsen)	24,509	*Rudolstadt (Schwarzburg-Rudolstadt)	6922
Kiel (Preußen, Prov. Schleswig-Holstein)	24,216	*Sondershausen (Schwarzburg-Sondershausen)	6272
Bonn (Preußen, Rheinprovinz) . . .	23,801	*Detmold (Lippe)	6269
Colmar (Elsaß)	23,669	*Ratzeburg (Lauenburg)	4372
Fürth (Bayern)	22,496	*Bückeburg (Schaumburg-Lippe) . .	4214
Glabbach (Preußen, Rheinprovinz) . .	22,149	*Arolsen (Waldeck-Pyrmont)	2148

Nationalitäten.

Die Bevölkerung der im Deutschen Reiche vereinigten Staaten gehört zum weitaus größten Theile der deutschen Nation an. Abgesehen von den Israeliten und den nichtdeutschen Fremden, deren Zahl 50,000 kaum übersteigen dürfte, wohnen im Reiche (Ende 1867) ungefähr 3,157,000 nichtdeutsche Staatsangehörige, nämlich 2,400,000 Polen (in den preuß. Provinzen Posen, Schlesien und Preußen), Masuren (in der Prov. Preußen) und Kassuben (in den Provinzen Pommern und Preußen), 267,000 Franzosen und Wallonen (252,400 Franzosen in Elsaß-Lothringen — nach K. Brämer —, 11,000 Wallonen in der preuß. Rheinprovinz, 3500 Franzosen und Wallonen in der bayer. Rheinpfalz), 145,000 Litthauer und Kuren (in der Provinz Preußen), 144,000 Dänen (in den nördlichen Districten von Schleswig) und 138,000 Wenden (86,000 in den Provinzen Brandenburg und Schlesien, 51,895 im sächsischen Regierungs-Bezirke Bautzen), 62,000 Mährer und Tschechen (in der Prov. Schlesien). — Im Ganzen machen die Nichtdeutschen ca. 8 Procent der gesammten Bewohnerzahl des Deutschen Reichs aus.

Religionsbekenntnisse.

Die Ergebnisse der Volkszählung vom 3. Decbr. 1867 (in Elsaß-Lothringen vom 31. Decbr. 1866) weisen für die Vertheilung der Bevölkerung in den zum Deutschen Reiche gehörigen Staaten folgende Daten nach:

Bundesstaaten.	Evangelische.	Katholiken.	Griechen.	Christliche Sectirer.	Israeliten.	Anderer ob. unbestimmter Religion.	Zusammen.
Preußen mit Lauenburg	15,696,390	7,950,753	1994	58,568	313,167	12,622	24,033,494[1]
Bayern	1,328,713	3,441,029	143	4696	49,840	—	4,824,421
Sachsen	2,367,892	51,476	413	1651	2103	51	2,423,586[2]
Württemberg	1,220,124	543,593	100	2917	11,662	—	1,778,396
Baden	475,918	931,007	254	2181	25,599	11	1,434,970
Elsaß-Lothringen (approximat.)	242,000	1,306,779	—	4300	43,400	700	1,597,179

1) Ohne 6184 Personen Militär-Bevölkerung in Sachsen, Schw.-Sondershausen, Oldenburg, Waldeck u. Pyrmont, Lippe, Lübeck und Bremen.
2) Incl. 2552 preuß. Militärpersonen.

Bundesstaaten.	Evange-lische.	Katholiken.	Grie-chen.	Christliche Sectirer.	Israeli-ten.	Anderer od. unbestimmter Religion.	Zusammen.
Hessen	564,657	229,373	22	3819	25,266	1	823,138
Thüringische Staaten .	1,031,809	13,207	60	370	3302	3	1,048,751[1]
Mecklenburg	654,797	1152	–	–	3481	8	659,438
Oldenburg	241,381	72,077	?	984	1527	26	315,995[2]
Braunschweig	296,320	4869	–	520	1053	–	302,792
Anhalt	191,688	3156	.	89	2108	–	197,041
Waldeck-Pyrmont . .	55,340	1225	1	118	815	–	57,499[3]
Lippe	109,310	2658	–	16	1125	–	113,109[4]
Schaumburg-Lippe . .	30,614	194	–	11	349	–	31,168
Hansestädte	434,652	9026	17	1569	14,328	4665	464,257[5]
Summe	24,941,595	14,561,574	3004	81,869	499,155	18,087	40,105,224

Es entfallen sohin, nach der Confession, von der Gesammt=Bevölkerung des Deut= schen Reichs 62,2 Proc. auf die Evangelischen, 36,3 Proc. auf die Katholiken und 1,5 Proc. auf die Bekenner anderer oder unbestimmter Religionen. Die Evangelischen machen in Preußen (mit Lauenburg) 65,3, in Bayern 27,6, in Sachsen 97,7, in Würt= temberg 68,6, in Baden 33,1, in Elsaß=Lothringen 15,2, in Hessen 68,6, in Olden= burg 76,4 Proc. der ganzen Population aus, während auf die Katholiken in denselben Ländern und zwar in Preußen 33,1, in Bayern 71,3, in Sachsen 2,1, in Württemberg 30,6, in Baden 64,9, in Elsaß=Lothringen 81,8, in Hessen 27,9 und in Oldenburg 22,8 Proc. der Bewohnerschaft kommen.

Die Evangelischen sind in den altpreußischen Provinzen, in einem Theile der Provinz Hessen=Nassau, in Württemberg, Baden, Rheinhessen, Anhalt, Waldeck=Pyr= mont und im Fürstenthume Birkenfeld größtentheils oder ausschließlich unirt, in den Provinzen Hannover und Schleswig=Holstein, in Lauenburg, Bayern, Sachsen, Elsaß= Lothringen, den hessischen Provinzen Starkenburg und Oberhessen, in Thüringen, Meck= lenburg, Oldenburg, Braunschweig, Schaumburg=Lippe und den Hansestädten überwiegend lutherisch, während das reformirte Bekenntniß im Fürstenthume Lippe, in einigen Theilen der Provinzen Hessen=Nassau (Reg.=Bez. Kassel) und Hannover, Anhalt's und Bremen's vorherrscht. Die katholische Kirche präponderirt in den preußischen Pro= vinzen Rheinland, Posen, Westfalen, im Reg.=Bezirke der hohenzollern'schen Lande, in Bayern (mit Ausnahme von Ober= und Mittel=Franken und der Rhein=Pfalz, wo die lutherische Confession heimisch ist), in den meisten badischen Kreisen und in Elsaß= Lothringen und zählt sonst die meisten Bekenner in Schlesien, im westlichen Theile der Provinz Preußen, in einigen Theilen der Provinzen Hannover und Hessen=Nassau, in der Rhein=Pfalz und in Ober=Franken, in Württemberg, Hessen und Oldenburg. — Von Sectirern findet man Mennoniten, Mitglieder freier Gemeinden, Deutsch=Ka= tholiken, Herrnhuter, Baptisten, Methodisten ꝛc.

Land= und Forstwirthschaft.

Die Bodencultur ist für den Nationalreichthum der deutschen Staaten von der größten Bedeutung und es befindet sich in denselben die Land= und Forstwirthschaft auf sehr hoher Stufe. Die Bodenfläche läßt sich nach den verschiedenen Culturarten an= nähernd, wie folgt, vertheilen:

1) Incl. 576 preuß. Militärpersonen in Schwarzburg=Sondershausen.
2) Incl. 373 preuß. Militärbevölkerung.
3) Incl. 692 preuß. Militärpersonen.
4) Incl. 566 preuß. Militärbevölkerung.
5) Incl. 1425 preuß. Militärbevölkerung in Lübeck u. Bremen.

Bundesstaaten.	Äcker- u. Gartenland.		Wiesen u. Weiden.		Waldungen.		Summe d. land- u. forstwirthsch. benutzt. Fläche.		Unproductive Fläche.		Gesammt-Areal in geogr. Quadr. Ml.
	Geogr. Quadr. Ml.	%am Gesammt-Areale.	Geogr. Quadr. Ml.	%am Gesammt-Areale.	Geogr. Quadr. Ml.	%am Gesammt-Areale.	Geogr. Quadr. Ml.	%am Gesammt-Areale.	Geogr. Quadr. Ml.	%am Gesammt-Areale.	
Preußen mit Lauenburg	3204	50,1	1170	18,3	1478	23,1	5852	91,5	544	8,5	6396
Bayern	581	42,2	273	19,6	441	32,0	1295	94,0	83	6,0	1378
Sachsen	143	52,4	36	13,0	83	30,5	262	95,9	11	4,1	273
Württemberg	169	47,6	60	17,0	108	30,6	337	95,2	17	4,8	354
Baden	103	37,2	49	17,5	93	33,4	245	88,1	33	11,9	278
Elsaß Lothringen	135	51,4	36	13,6	76	29,0	247	94,0	16	6,0	263
Hessen	70	49,8	18	13,0	46	32,7	134	95,5	6	4,5	140
Thüringische Staaten	118	52,7	23	10,3	68	30,5	209	93,5	15	6,5	224
Mecklenburg	156	53,5	43	15,0	39	13,3	238	81,8	53	18,2	291
Sonstige Staaten	127	43,2	45	15,3	58	19,7	230	78,2	64	21,8	294
Summe	4806	48,6	1753	17,7	2490	25,2	9049	91,5	842	8,5	9891

In Norddeutschland nehmen in Bezug auf die vortreffliche Beschaffenheit und den sorgfältigen Anbau des Bodens wol die sächsischen Länder die erste Stelle ein, obgleich nur die Provinz Sachsen die verschiedenen Getreidearten in ausreichender Menge gewinnt, von Weizen und Roggen sogar ansehnliche Ueberschüsse zur Ausfuhr liefernd, während im Königreiche Sachsen die Production von Brodfrüchten das Bedürfniß der starken Bevölkerungsmenge nicht befriedigt. Als die reichsten Getreideländer sind Schleswig-Holstein und Mecklenburg bekannt, für welche die Kornfrüchte zu den wichtigsten Ausfuhrartikeln gehören, ferner die Provinzen Preußen, Pommern, Hannover und Hessen-Nassau. In Süddeutschland wird der Ackerbau allerorts mit Umsicht und großem Verständniß getrieben und steht derselbe insbesondere in Württemberg auf einer hohen Stufe, welches Land überhaupt in manchen Beziehungen den Nachbarstaaten voranleuchtet; hier, wie auch in Baden und verschiedenen Districten Bayern's und Hessen's bildet Spelz oder Dinkel die Hauptgetreideart. In Elsaß-Lothringen ist der Ackerbau, sowie die Landwirthschaft überhaupt, ebenfalls sehr vorgeschritten.

Die durchschnittliche Jahres-Production der wichtigeren Brodfrüchte im ganzen Reiche läßt sich, annäherungsweise, also berechnen — in Hektolitern (54,961 Hektoliter = 100 preuß. Scheffel):

	Weizen.	Spelz.	Roggen.	Gerste.	Hafer.	Kartoffeln.
Preußen mit Lauenburg	19 Mill.	— Mill.	69 Mill.	12 Mill.	55 Mill.	176 Mill.
Uebrige Bundesstaaten	15 "	15 "	25 "	18 "	32 "	96 "
Summe	34 "	15 " [1]	94 "	30 "	67 "	272 "

Der Maisbau ist unbedeutend. — Die Flachscultur ist sehr verbreitet, besonders in den Provinzen Schlesien, Westfalen und Hannover, im Regierungs-Bezirke Kassel, im Königreiche Sachsen, in Braunschweig und Thüringen, der Hanfbau ist vorzugsweise in Baden, Westfalen und dem hannöver'schen Herzogthume Bremen zu Hause. Der Hopfenbau ist in Bayern weltberühmt und macht auch in Preußen (insbesondere in der Provinz Posen) und im Elsaß große Fortschritte. Die Cultur der Runkelrüben ist in den Provinzen Sachsen, Schlesien und Brandenburg und in den Herzogthümern Anhalt und Braunschweig von großer Wichtigkeit; im Betriebsjahre 1870/71 betrug die Menge der zur Zuckerfabrikation verwendeten rohen Runkelrüben im ganzen Reiche (ohne Elsaß-Lothringen) 60,951,531 Zollctr.; in Elsaß-Lothringen ist die jährliche Production von Zuckerrüben auf 1 Mill. Zollctr. anzuschlagen. Dem Tabaksbaue wird in Baden und der Rheinpfalz (aus welchen Ländern das Product ausgeführt wird), in den Provinzen Brandenburg, Pommern, Schlesien, Sachsen und

---

[1] Die geringe Productionsmenge von Spelz in Preußen und anderen norddeutschen Staaten ist in jener von Weizen enthalten, so daß sich die 15 Mill. nur auf die Gewinnung in Bayern, Württemberg, Baden, Hessen und Elsaß-Lothringen beziehen.

Rheinland eine besondere Sorgfalt zugewendet. Der Gemüsebau wird in ausge=
dehntem Maße in der Umgegend von Erfurt, Frankfurt a/M., Bamberg, Nürnberg,
Ulm, im Rheinthale ꝛc. betrieben, die Obstcultur in Württemberg, Baden und
Hessen, welche Länder zu den obstreichsten in Europa gehören und in dieser Hinsicht
Namhaftes exportiren, in der Rheinprovinz, im Regierungs=Bezirke Wiesbaden, in ver=
schiedenen Gegenden Thüringen's und Sachsen's, im hamburgischen Amte Bergedorf,
der Weinbau in großem Umfange und mit bedeutender Ausfuhr in der Rheinprovinz,
im Regierungs=Bezirke Wiesbaden, in Baden, Rheinhessen, Württemberg, in der Rhein=
Pfalz, in Unter=Franken und Elsaß=Lothringen. Ueber die Production von Wein (im
Durchschnitt einer längern Reihe von Jahren) und von Rohtabak (1869) geben fol=
gende Ziffern Auskunft:

	Wein.	Rohtabak.
Preußen	377,900 Hektoliter. [1]	157,489 Zollctr.
Bayern	612,000 *	114,676 * [2]
Württemberg	414,300 *	1849 *
Baden	798,300 *	141,095 *
Elsaß-Lothringen (approximativ)	1,900,000 *	150,000 *
Hessen	322,200 *	19,477 *
Uebrige Bundesstaaten	15,600 :	15,351 *
Summe	4,440,500 *	599,937 *

Im Graslandbaue zeichnen sich Bayern, Württemberg, Baden und die Provinzen
Pommern, Preußen und Hannover aus, obschon auch in den anderen Ländern, namentl=
lich in Sachsen, Thüringen und Hessen, schöne und ergiebige Wiesen zn treffen sind.
Der Culturzustand der Wälder befindet sich im Deutschen Reiche auf einer hohen
Stufe; doch ist derzeit die Einfuhr von Holz größer als die Ausfuhr.

Die Ein= und Ausfuhr im freien Verkehre des deutschen Zollgebiets (d. i. die
Einfuhr zum Verbrauche und die Ausfuhr inländischer oder verzollter Waaren) betrug
hinsichtlich der wichtigeren Bodenerzeugnisse und der Mahlproducte in den Jahren 1868
und 1869 (nach den amtlichen Ueberschichten) folgende Mengen:

		Einfuhr.		Ausfuhr.	
		1868	1869	1868	1869
Weizen	Scheffel	13,519,935	9,414,561	16,179,004	14,943,493
Roggen	=	11,136,936	8,102,754	3,645,326	5,046,795
Gerste, auch gemalzte	*	7,273,672	3,741,507	6,078,426	4,087,178
Alle übrigen Gattungen von Getreide	*	5,421,946	3,993,403	5,593,003	4,476,460
Mehl u. Mühlenfabrikate	Zollctr.	2,248,026	2,354,919	2,277,716	3,063,688
Flachs, Werg und Hanf	*	1,101,637	957,258	470,031	524,135
Hopfen	*	16,934	47,359	210,240	126,474
Tabaksblätter	*	792,797	622,344	144,350	116,864
Wein	*	438,885	554,905	511,796	432,529
Brennholz	Klafter	185,944	116,816	159,902	110,158
Bau- und Werkholz	{Stück	602,200	859,057	—	—
	{Schiffslast	771,023	1,316,497	660,340	466,352

Von den verschiedenen Zweigen der Viehzucht hat die Pferde= und Rindvieh=
zucht in Mecklenburg, Oldenburg, Schleswig=Holstein, Hannover und Württemberg eine
Berühmtheit erlangt und liefert sie in diesen Ländern wichtige Export=Artikel. Auch
die Provinz Preußen steht durch ihre trefflichen Pferde und Rinder in sehr gutem
Rufe. In Bayern sind die Alpengegenden durch ihre Hornviehzucht ausgezeichnet,
welche an Vieh und thierischen Producten, namentlich an Käse, eine belangreiche Aus=
fuhr nachweisen. In der Schafzucht nehmen die mecklenburgischen Großherzogthümer (in
Quantität und Qualität), das Königreich Sachsen (bloß in Qualität der Thiere und
der Wolle), die Provinz Schlesien, das Königreich Württemberg und einige thüringische
Gebiete die erste Stelle ein, außer welchen Braunschweig, Anhalt, Hannover und Olden=

---

1) 68,7 Hektoliter = 100 preuß. Eimer.
2) Die 114,676 Zollctr. beziehen sich nur auf die Regierungs-Bezirke Pfalz und Mittel-Franken; in den
übrigen bayerischen Regierungs-Bezirken ist der Tabaksbau unbedeutend.

burg einen sehr bedeutenden Schafstand haben und Schafe und Wolle in den Handel liefern. Die Schweinezucht hat ihre Hauptsitze in Westfalen, den norddeutschen Marschen, in Mecklenburg, Thüringen, Baden und Hessen, die Ziegenzucht in den beiden letztgenannten Staaten.

Der Viehstand betrug nach den letzten Zählungen:

Bundesstaaten.	Pferde.	Rindvieh.	Schafe.	Schweine.	Ziegen.
Preußen (7. Decbr. 1867)	2,313,817	7,996,818	22,262,067	4,875,114	1,343,615
Lauenburg (1862)	7,641	27,934	45,273	11,823	?
Bayern (April 1863)	380,108	3,185,882	2,058,638	926,522	150,855
Sachsen (3. Decbr. 1867)	112,800	625,260	304,087	325,564	93,004
Württemberg (2. Jan. 1868)	104,297	911,013	655,856	254,888	30,963
Baden (3. Decbr. 1869)	74,484	609,830	182,438	355,639	59,219
Hessen (3. Decbr. 1869)	43,745	279,497	174,554	182,978	71,683
Thüringische Staaten (3. Decbr. 1867) . .	48,966	365,660	717,700	304,524	118,732
Mecklenburg-Schwerin (Herbst 1867) . .	89,625	246,210	1,233,722	218,373	14,660
Oldenburg (3. Decbr. 1867)	39,258	207,701	220,142	94,256	17,442
Braunschweig (30. April 1870)	25,344	83,558	386,757	76,516	39,167
Anhalt (3. Decbr. 1867)	14,582	49,428	207,060	57,163	23,308
Uebrige Bundesstaaten (approximativ) . .	200,000	550,000	670,000	360,000	90,000
Deutsches Reich	3,454,670	15,138,791	29,118,314	8,043,360	2,052,648

Die Zahl der Maulthiere und Esel ist nicht beträchtlich; in der preußischen Monarchie belief sie sich am 7. December 1867 auf 9807. — Vergleicht man die Zahl der Hausthiere mit dem Flächeninhalte, so entfallen auf 1 geogr. Quadrat-Meile:

	Pferde.	Rindvieh.	Schafe.	Schweine.	Ziegen.
in der preußischen Monarchie . .	363	1254	3492	765	210
im deutschen Reiche überhaupt . .	349	1530	2943	813	208

Ein- und Ausfuhr von Thieren und thierischen Producten im freien Verkehre des deutschen Zollgebiets betrug in den Jahren 1868 und 1869:

		Einfuhr.		Ausfuhr.	
		1868.	1869.	1868.	1869.
Pferde, Maulthiere und Esel	Stück	41,145	43,214	18,240	21,883
Rindvieh	=	199,468	202,846	230,778	256,426
Schafe und Ziegen	=	193,719	104,656	737,752	1,189,929
Schweine	=	645,633	695,938	190,020	313,362
Fische	Zollctr.	10,358,857	13,139,715	130,914	123,780
Häute und Felle	=	820,061	869,651	225,036	265,948
Käse	=	70,596	64,911	82,213	50,841
Schafwolle (Production 1869, 750,000 Zollctr.)	=	924,119	1,048,362	354,284	420,761

Für den Bodencredit sind folgende Anstalten in Thätigkeit: in Preußen, die Creditinstitute der ostpreußischen, der westpreußischen (2), der kur- und neumärkischen (2), der pommerschen (2), der schlesischen und der sächsischen Landschaft, das Creditinstitut für die Ober- und Nieder-Lausitz, die beiden Creditvereine in der Provinz Posen, die (ständische) Landes-Creditanstalt in Hannover und die 4 hannöverschen Provinzial-Creditinstitute, die Landes-Creditkasse in Kassel, die nassauische Landesbank in Wiesbaden, die Landes-Creditgesellschaft für Rheinland und Westfalen; das Berliner städtische Pfandbrief-Institut; die norddeutsche Grundcreditbank (Hypothekenversicherungs-Actiengesellschaft, seit Dec. 1868, Grundcapital 500,000 Thlr.), die preußische Bodencredit-Actienbank (seit Decbr. 1868, emitt. Cap. 1 Mill. Thlr.), die preußische Central-Bodencredit-Actiengesellschaft (f. März 1870, Act.-Cap. 12 Mill. Thlr., 4,800,000 Thaler eingezahlt), die erste preußische Hypotheken-Actiengesellschaft (f. 1864, Grundcap. 1 Mill. Thlr.), die preußische Hypotheken-, Credit- und Bankanstalt (Commandit-Gesellschaft auf Actien, f. 1862, emitt. Grundcap. 1,690,000 Thlr.), die preußische Hypotheken-Versicherungs-Actiengesellschaft (Cap. 5 Mill. Thlr.), der norddeutsche landwirthschaftliche Bankverein (gegr. im Nov. 1871) und der Realcredit-Verein (f. Nov. 1871) in Berlin, die pommer'sche Hypotheken-Actienbank in Köslin (f. 1866, Grundcap. 800,000 Thlr.), die National-Hypotheken-Creditgesellschaft in Stettin

(f. 1871); die Bank für Landwirthschaft und Industrie in Pr. Stargard (f. Sept. 1871); die Hypothekenbank (f. 1862, Act.-Cap. 5 M. fl. f. W.) und der Hypotheken-Creditverein in Frankfurt a/M.; — in Bayern die bayerische Hypotheken- und Wechselbank in München (f. 1834, Act.-Cap. 20 Mill. fl. südd. Währ.), die bayer. Boden-Credit-Gesellschaft (f. 1871), die süddeutsche Bodencredit-Bank in München (f. Sept. 1871, Act.-Cap. 35 Mill. fl. f. W., 14 Mill. fl. einitt.), die pfälzische Hypotheken-bank in Speyer und die Bodencredit-Anstalt der Vereinsbank in Nürnberg; — in Sachsen, die Landescultur-Rentenbank, der erbländische ritterschaftliche und der landwirthschaftliche Creditverein, die landständ. Bank der Ober-Lausitz in Bautzen, die allgemeine deutsche Creditanstalt in Leipzig; — in Württemberg, die württemb. Hypothekenbank (f. Nov. 1867, Act.-Cap. fl. f. W.), die allgemeine Renten-Anstalt, der Credit- und der Capitalisten-Verein in Stuttgart; — in den übrigen Bundesstaaten, die rhein. Hypothekenbank in Mannheim (f. Nov. 1871, Act.-Cap. 10 Mill. Thlr.), die Mecklenburg-Schwerin'sche Bodencredit-Actiengesellschaft zu Schwerin (f. Aug. 1871, Grund-Cap. 5 Mill. Thlr.), die Landes-Creditanstalten in Gotha u. Mei-ningen, die Landes-Creditkassen in Weimar u. Rudolstadt, die herzogl. Leihhausanstalt in Braunschweig, der ritterschaftliche Creditverein für beide Mecklenburg, die landwirthschaft-liche Darlehenskasse zu Sondershausen, die Creditkasse für Erben und Grundstücke in Hamburg, die Landrentenbanken in Koburg, Köthen und Greiz, die herzogl. Landesbank in Altenburg, die deutsche Grundcredit-Bank in Gotha (f. 1868, Act.-Cap. 10 Mill. Thaler, emitt. 1,233,000 Thlr.), die koburg-gothaische Creditgesellschaft zu Koburg, die deut-sche Hypothekenbank zu Meiningen (f. 1863, Act.-Cap. 8 Mill. Thlr., eingezahlt 3 Mill. Thlr.), die braunschweigische Creditanstalt und die Hypothekenbank in Hamburg (f. 1871).

Bergbau, Hüttenwesen, Salinen.

Das Deutsche Reich besitzt große Mineralschätze aller Art, unter welchen Stein- und Braunkohlen, Eisen, Zink, Blei und Salz die hervorragendste Stelle einnehmen. Insbesondere behauptet die preußische Monarchie in dieser Beziehung einen der ersten Plätze in Europa und übertrifft dieselbe in den Productionsmengen von fossilen Kohlen und Roheisen alle Continental-Staaten dieses Erdtheils, von Zink alle Staaten der Welt. Der Werth der Bergwerks-, Hütten- und Salinen-Production betrug im ganzen Reiche (ohne Mecklenburg und Elsaß-Lothringen) im Jahre 1868 222,008,931 Thaler, wo-von 192,853,816 Thlr. auf Preußen entfielen. Nächst Preußen ist der Bergbau im Allgemeinen im Königreiche Sachsen von der größten Wichtigkeit.

Auf Gold- und Silbererze wird im Harze und im Königreiche Sachsen ge-baut, doch wird auch Silber in Preußen aus Bleierzen dargestellt und etwas Gold aber in unbedeutender Quantität — in Bayern gewonnen. Die Production betrug im Jahre 1868:

	Preußen.	Sachsen.	Communionsharz.	Anhalt.	Bayern. (1870.)	Deutsches Reich.
Gold . Zollpfund . . .	35,9	190,2	4,1	—	1,1	231,3
Silber . , . . .	106,652	78,635	719	912		187,118

Der Bergbau auf Eisenerze und die Verhüttung derselben ist am be-deutendsten in den Provinzen Rheinland, Schlesien, Westfalen und Hannover, im Re-gierungs-Bezirke Wiesbaden, in Elsaß-Lothringen, in Bayern, Braunschweig und Sachsen. Die Production von Frisch- und Guß-Roheisen des ganzen Reichs belief sich im Jahre 1868 auf 27,757,880 Zollctr. und zwar:

	Zollctr.		Zollctr.
in Preußen	21,065,199	in Württemberg	228,541
in Elsaß-Lothringen (1664—67) .	4,487,458	in Baden (1867)	91,638
in Bayern	961,382	in Anhalt	14,451
in Braunschweig	379,261	in Oldenburg	10,540
in Sachsen	282,670	in Thüringen	3746
in Hessen	230,586	in Waldeck-Pyrmont	2356

Für das Jahr 1869 ist die Gesammt-Erzeugung von Roheisen auf mehr als

33 Mill. Zollctr. anzuschlagen. — Der Handel des deutschen Zollgebiets mit Roheisen aller Art ergab in den Jahren 1868 und 1869:

	1868.	1869.
In den freien Verkehr des Zollgebiets traten . . .	2,650,720 Zollctr.	3,794,915 Zollctr.
Aus dem freien Verkehre des Zollgebiets gingen . .	1,960,386 *	2,037,142 *

Der Bergbau auf Kupfer ist in den Regierungs=Bezirken Merseburg und Arns=berg und in dem Harze, jener auf Bleierze in den Regierungs=Bezirken Aachen, Oppeln, Arnsberg und Wiesbaden, sowie in dem Harze, jener auf Zinkerze in Ober=Schlesien und dem Rheinlande am ansehnlichsten. — Production, Ein= und Ausfuhr ergeben:

		Garkupfer.	Kaufblei.	Bleiglätte.	Rohzint.
Production {	Preußen . . . . Zollctr.	83,808	899,152	66,856	1,320,130
	Sachsen . . . . *	—	70,754	11,457	2503
	Braunschweig . . . . *	2,246	2030	1244	3
	Anhalt . . . . *	—	361	5500	—
	Summe (1868) . . . *	86,054	971,297	105,057	1,322,636
	Deutsches Reich (1869) . . . *	91,049	1,061,839	?	1,397,013
Einfuhr des Zollgebiets {	1868 . Zollctr.	235,010	65,110	6335	88,764
	1869 . *	221,529	40,648	6642	92,632
Ausfuhr des Zollgebiets {	1868 . *	91,415	414,267	67,185	791,315
	1869 . *	91,820	642,848	48,922	897,342

Der Zinnbergbau findet nur im Königreiche Sachsen statt; Quecksilber, Antimonium und Schwefel werden ausschließlich in Preußen, Nickel und Alaun zumeist in diesem Staate, Arsenik größtentheils in Sachsen, Grafit zumeist in Bayern, Kupfer und Eisenvitriol vorzugsweise in Preußen und Sachsen gewon=nen. — Die Production betrug im Jahre 1868:

Zinn . . . . . 2823 Zollctr.	Schwefel . . 14,234 Zollctr.	Alaun . . . 57,021 Zollctr.
Quecksilber . . . 804 *	Nickel . . . 8,192 *	Grafit . . . 16,623 *
Antimonium . . 1200 *	Arsenik . . . 17,612 *	Vitriol . . . 128,638 *

Die größten Steinkohlenlager liegen in Schlesien, in der Rheinprovinz, in Westfalen und im Königreiche Sachsen, die bedeutendsten Braunkohlenlager in den Pro=vinzen Sachsen und Brandenburg und im Herzogthume Anhalt. Steinsalz wird in beträchtlichen Mengen in der Provinz Sachsen, in Anhalt und Württemberg gewonnen, Kochsalz namentlich in den Provinzen Sachsen und Hannover, in Bayern und den anderen süddeutschen Staaten und in Thüringen. — Production, Ein= und Ausfuhr ergaben in den Jahren 1868 und 1869:

		Stein= u. Braunkohlen.	Steinsalz u. weißes Kochsalz.	Schwarzes u. gelbes Salz.	Dünge=Gyps.
Production {	Preußen . . . . Zollctr.	566,677,111	6,680,010	—	—
	Bayern . . . . *	7,367,296	971,227	—	8861
	Sachsen . . . . *	62,114,026	—	—	—
	Württemberg . . . . *	—	1,159,979	8027	60,095
	Baden . . . . *	175,266	237,721	164,762	3485
	Elsaß=Lothringen (1864) . . . . *	3,021,494	841,884	—	—
	Hessen . . . . *	787,403	241,681	41,721	560
	Thüringische Staaten . . . *	5,566,290	267,787	94,097	41,182
	Mecklenburg=Schwerin (approx.) . . *	?	75,000	—	—
	Oldenburg . . . . *	40	—	—	—
	Braunschweig . . . . *	3,985,160	52,876	29,530	—
	Anhalt . . . . *	9,490,392	2,083,045	752	5100
	Lippe und Schaumburg-Lippe . . *	1,419,473	22,030	2276	175
	Summe im Jahre 1868 . . . *	660,603,951	12,633,240	341,165	119,458
	Deutsches Reich 1869 . . . . *	c. 690 Mill.	c. 13,640,000	?	?
Einfuhr d. deutsch. Zollgebiets . {	1868 Zollctr.	45,139,760	1,115,914	—	—
	1869 *	49,357,678	1,060,580	—	—
Ausfuhr des deutsch. Zollgebiets {	1868 *	75,569,477	1,052,246	—	—
	1869 *	79,998,892	1,444,865	—	—

Gewerbliche Industrie.

In sämmtlichen Staaten des Deutschen Reichs ist die Gewerbefreiheit einge= führt (Gewerbeordnung für den bisherigen Norddeutschen Bund v. 21. Juni 1869, die auch in Hessen gilt und vom 1. Januar 1872 an in Württemberg und Baden in Wirksamkeit tritt, bayer. Gewerbegesetz v. 30. Jan. 1868.) — Zur Wahrnehmung und Vertretung der Interessen des Handels= und Gewerbestandes sind die Handels= kammern (Handels= und Gewerbekammern) berufen, welche in Preußen (Gesetz v. 24. Febr. 1870 — 3jährige Wahlperiode), Bayern (königl. Verordn. vom 20. Decbr. 1868 — 6jährige Wahlperiode), Sachsen (Gesetz vom 23. Juni 1868 — 6jährige Wahlperiode), Württemberg (Verordn. vom 19. Sept. 1854, 17. Febr. 1858, 14. März 1866 — 6jährige Wahlperiode), Elsaß=Lothringen, Hessen, Sachsen=Meiningen, Anhalt, Reuß j. L. und den Hansestädten errichtet sind.

Die gewerbliche Industrie hat im Deutschen Reiche einen großartigen Aufschwung genommen, insbesondere in Preußen, wo sie in den Provinzen Rheinland, Westfalen, Sachsen und Schlesien die größte Blüthe und ihren Culminationspunkt erreicht hat, ferner in Königreiche Sachsen, in Württemberg und Elsaß=Lothringen. Nur in Mecklen= burg, Schleswig=Holstein, Lauenburg und Schaumburg=Lippe ist sie noch wenig entwickelt. **Maschinenbau.** Von den Staaten des Deutschen Reichs besitzen Preußen und Sachsen die meisten Maschinen=Fabriken. Die wichtigsten Etablissements, die auch für die Ausfuhr arbeiten, sind in Berlin, Breslau, Königsberg, Stettin, Magdeburg, Köln, Düsseldorf, Aachen, Elbing (Preußen), Oberzell bei Würzburg, Augsburg, München, Zweibrücken (Bayern), Chemnitz (Sachsen — weltberühmte Fabrikation), Eßlingen und Heilbronn (Württemberg), Karlsruhe (Baden), Mühlhausen (Elsaß), Mainz und Offen= bach (Hessen), Hamburg, Bremen 2c. — Maschinen=Ein= und Ausfuhr des deutschen Zollgebiets in den Jahren 1868 und 1869 — nach den offiziellen Nachweisen:

	1868.	1869.
in den freien Verkehr traten (Einfuhr)	217,229 Zollctr.	292,566 Zollctr.
aus dem freien Verkehr gingen aus (Ausfuhr)	260,560 "	411,558 "

Industrie in Transportmitteln. Die Leistungen der im Deutschen Reiche bestehenden Eisenbahn= und anderen Wagenfabriken finden große Anerkennung im In= und Auslande und haben ihre Hauptsitze in Berlin, Aachen, Stettin, Breslau, Köln, Kassel, München, Stuttgart, Karlsruhe, Mainz, Braunschweig 2c. — Der Schiffsbau bildet einen ansehnlichen Erwerbszweig in den Städten Hamburg und Bremen, deren Werften sich eines europäischen Rufs erfreuen; auch in Kiel ist er von Bedeutung.

Der Handelsverkehr im deutschen Zollgebiete ist folgender:

		Einfuhr.		Ausfuhr.	
		1868.	1869.	1868.	1869.
Eisenbahnfahrzeuge und andere Wagen	Stück	333	344	559	759
See= und Flußschiffe	"	983	1063	49	38

Industrie in Instrumenten. Die Verfertigung wissenschaftlicher Instrumente findet in verschiedenen Städten in großer Vollendung statt; München ist für dieselbe ein Hauptplatz auf dem Continente und sind insbesondere die dasigen optischen Instru= mente weltberühmt. Sehr ausgebreitet ist die Erzeugung musikalischer Instrumente; die Klaviere aus Wesel, Koblenz, Münster, Elberfeld, München, Leipzig, Dresden, Stuttgart, Braunschweig und Hamburg, die Harmoniken aus Gera, die Streichinstru= mente aus Mittenwald (Ober=Bayern), die Orgeln aus Paulinzella (in Schwarzburg= Rudolstadt) genießen einen höchst vortheilhaften Ruf im In= und Auslande und die musikalischen Instrumente, welche in Kassel und im sächsischen Voigtlande hergestellt werden, finden vielfach in überseeischen Staaten guten Absatz. Auf dem badischen Schwarzwalde hat sich seit der zweiten Hälfte des vorigen Jahrhunderts die Fabrika= tion von mechanischen Musikwerken (Spieluhren, Flötenwerken, Orchestrions 2c.) zu einem Industriezweige herangebildet, bei welchem gegenwärtig eine größere Anzahl von Werk= stätten (mit großem Absatze) thätig ist. Von viel mehr Wichtigkeit ist aber für den Schwarzwald die Uhrmacherei, welche etwa 5000 Personen (3700 in Baden, 1300 in

Württemberg) beschäftigt und ihre Erzeugnisse nach allen Weltgegenden sendet. Sonst sind bedeutendere Etablissements für die Uhrenfabrikation in Berlin, Hamburg und anderen größeren Orten errichtet. **Industrie in Eisen und Eisenwaaren.** Ueber die Production von Roheisen siehe Seite 61. Die Bereitung von Stab= und gewalztem Eisen wird in den meisten Staaten des Deutschen Reichs gepflegt, doch ist sie in den Provinzen Rheinland, West= falen (Reg.=Bez. Arnsberg) und Schlesien (Reg.=Bez. Oppeln), im Regierungs=Bezirke Wiesbaden, in Elsaß=Lothringen, in den Königreichen Bayern und Sachsen am stärksten. Die Stahlfabrikation ist in Westfalen (Reg.=Bez. Arnsberg) und in der Rheinprovinz (Reg.=Bez. Düsseldorf) von der höchsten Bedeutung, indem hier nicht nur die größten Mengen producirt werden, sondern auch das Erzeugniß an Güte dem englischen wenig nachgiebt. Außer Preußen wird sie in Sachsen, Württemberg, Deutsch=Lothringen, Sachsen=Gotha und Braunschweig betrieben. Eisenbahnschienen gelangen in namhaften Quantitäten zur Ausfuhr. Die Eisenblechfabrikation hat ihre Hauptsitze in Westfalen, dem Rheinlande und im Regierungs=Bezirke Wiesbaden, die Eisendrahtfabrikation im Reg.=Bezirke Arnsberg. In der Qualität der Gußwaaren ist Preußen, besonders durch die Leistungen in Berlin, in den Reg.=Bezirken Arnsberg, Köln, Düsseldorf, Oppeln und in der Provinz Hannover, ausgezeichnet, obgleich in anderen Ländern, wie namentlich im Königreiche Sachsen, diesem Industriezweige ebenfalls Sorgfalt zuge= wendet wird. — Die Production der Eisenraffinirwerke des Deutschen Reichs belief sich im Jahre 1868 auf folgende Ziffern, welchen wir auch den Import und Export des deutschen Zollgebiets beifügen:

Productions-Länder.		Stab- u. gewalz-tes Eisen.	Stahl.	Eisenblech.	Eisendraht.	Guß-waaren.
Preußen	Zollctr.	10,454,162	2,447,154	1,819,107	871,573	3,547,122
Bayern	=	935,526	—	8,045	22,220	114,633
Sachsen	=	376,982	2,100	2,200	—	119,875
Württemberg	=	249,997	6,100	353	—	37,458
Baden	=	39,047	—	—	6,900	104,297
Elsaß-Lothringen (1864) [1]	=	2,637,084	67,314	123,920	149,200	291,062
Hessen	=	1,577	—	—	7,000	4,077
Sonstige Staaten	=	234,660	1,382	—	—	115,965
Summe	=	14,929,035	2,524,050	1,953,625	1,056,893	4,334,489
Einfuhr d. Zollgebiets { 1868	Zollctr.	295,489	50,579	45,589	22,901	143,987
1869	=	276,266	61,411	41,400	19,632	296,750
Ausfuhr d. Zollgebiets { 1868	=	870,737	146,129	81,419	141,735	256,354
1869	=	1,103,719	163,359	123,815	151,650	353,974

Die **Verfertigung der Eisen= und Stahlwaaren** nimmt eine hervorra= gende Stelle in der Industrie des Deutschen Reichs ein und ist namentlich für die preußischen Provinzen Rheinland (Reg.=Bezirk Düsseldorf) und Westfalen (Reg.=Bezirk Arnsberg) und für Württemberg einer der ansehnlichsten Zweige der gewerblichen Thä= tigkeit. Die Fabrikation von Hieb= und Stichwaffen in Solingen (Reg.=Bez. Düs= dorf) behauptet den ersten Platz in Europa und der dortigen seit Jahrhunderten ein= heimischen Anfertigung von Messer= und Schneidewaaren gebührt nach der betreffenden Industrie Sheffield's der erste Rang. Hauptsitze der Eisenmanufactur in diesen Pro= vinzen sind ferner Remscheid, Ronsdorf und andere Orte im Reg.=Bezirke Düsseldorf, Iserlohn, Altena, Hagen und andere Orte im Reg.=Bezirke Arnsberg. Die Grafschaft Mark im letztgedachten Regierungs=Bezirke unterhält eine sehr bedeutende Sensen= fabrikation, in Iserlohn, Aachen, Burtscheid und Düren ist die Nähnadel=Fabrikation, deren Erzeugnisse einen großen Absatz in den verschiedensten, selbst überseeischen Ländern finden, zu Hause. Berühmt sind auch die Gewehrfabriken in Sömmerda, Suhl und Spandau, die Fabriken für Grobschmied= und Schlosserwaaren in den zwei obenge= nannten Provinzen und in Berlin ꝛc. In Württemberg sind besonders ausgezeichnet die Messerwaaren aus Heilbronn und Stuttgart, die Sensen aus Neuenbürg und Fried=

---

[1] Einschließlich aller Gebietstheile, welche das frühere Mosel=Departement bildeten, doch ohne das ehemalige Meurthe=Departement.

richsthal, die Blechwaaren aus Eßlingen, Geißlingen, Ludwigsburg und Göppingen, die blechernen Spielwaaren aus Biberach, die Kleineisenwaaren verschiedenster Art aus der Stadt Aalen. Ferner sind noch in Süddeutschland folgende Artikel sehr renom= mirt, deren Versandt nach verschiedenen fremden Ländern geht: die Messerwaaren aus Nürnberg, Erlangen und Regensburg, die Nadeln aller Art aus Schwabach (Mittel= Franken), die Nadelfeilen aus Stahldraht aus Nürnberg, die Klaviersaiten aus Guß= stahl aus Frankenhammer im Fichtelgebirge (Bayern), die Waaren aus emaillirtem Eisenblech aus St. Georgen im badischen Schwarzwalde, die Sensen= und Messerwaaren aus Achern (Baden), die Drahtstifte und Schrauben aus Falkau (Baden) ꝛc. Endlich ist die Eisenmanufactur im Kreise Schmalkalden und in verschiedenen anderen Gegenden Thüringen's, im sächsischen Erzgebirge (Fabrikation von Blechwaaren) und an mehreren Orten des Elsasses sehr lebhaft. — Die Handelsbewegung war in den Jahren 1868 und 1869 im deutschen Zollgebiete folgende:

	Grobe Eisenwaaren u. Röhren.		Feine Eisenwaaren.		Nähnadeln ꝛc.	
	1869.	1869.	1868.	1869.	1868.	1869.
In den freien Verkehr traten . . Zollctr.	101,641	95,409	7,041	8,841	2,591	3,072
Aus dem freien Verkehr gingen aus "	543,030	542,050	27,915	24,295	30,835	28,359

Industrie in sonstigen Metallen und Metall=Leguren. Besonders zu erwähnen sind die Silberwaaren aus Berlin, die Gold=, Silber= und Bronzewaaren (Bijouteriewaaren) aus Hanau (Reg.=Bez. Kassel), die Gold= und Silberwaaren aus Stuttgart, Gmünd und Heilbronn (Württemberg) und aus Pforzheim (Baden) und die schlesischen Zinkwaaren, die alle in großem Maße exportirt werden. Schorndorf in Württemberg unterhält eine schwunghafte Fabrikation von goldenen, silbernen und metallenen Fingerhüten, deren Absatz weit verbreitet ist. Nürnberg und Fürth (Bayern) nehmen in der Fabrikation von Gold= und Silberschlägerblättchen, von Gold= und Silberdraht und von leonischen Drahtwaaren die erste Stelle in der Welt ein. Die= selben zwei Städte, Augsburg, Gmünd, Ulm, Pforzheim, Offenbach und Bessungen (Hessen), Berlin, Frankfurt a/M., Iserlohn und Altena sind Hauptplätze für die Mes= sing=, Bronze=, Neusilber= und Britannia=Industrie. In Zinnwaaren thun sich Heil= bronn, Fürth, Kassel und Schmalkalden hervor; geschätzt sind die leonischen Waaren aus Annaberg in Sachsen.

Thonwaaren=Industrie. Mit der Porzellan=Erzeugung befaßten sich Ende 1861 — ohne Elsaß=Lothringen — 101 Fabriken (38 in Preußen, 38 in Thüringen, 15 in Bayern, 3 in Sachsen, je 2 in Württemberg und Baden und je 1 in Hessen, Braunschweig und Anhalt); sie arbeitet für den Export und ist am bedeutendsten in Berlin, den preuß. Reg.=Bezirken Breslau und Erfurt, in Nymphenburg und Bamberg (Bayern), in Meißen (Sachsen), in Gotha und Ohrdruff (S.=Gotha) und auf dem Thüringer Waldgebirge; eigenthümlich ist die Fabrikation von Porzellanknöpfen, Por= zellanperlen ꝛc. zu Freiburg im Breisgau, deren Artikel in allen europäischen Staaten, im Oriente, in Süd= und Nord=Amerika Absatz finden. Der fabrikmäßigen Erzeugung von Steingut und anderen Irdenwaaren sind 500—600 Etablissements gewidmet, welche ebenfalls einen namhaften Theil ihrer Fabrikate an das Ausland abgeben. Die Irdenwaaren aus der Rheinprovinz, aus Groß=Almerode und Exterode im Reg.=Bez. Kassel, aus Zwickau und Chemnitz in Sachsen, aus Schrezheim und Schramberg in Württemberg, aus Zell am Harmersbach und Hornberg in Baden, die Thonpfeifen aus der hannöverschen Stadt Uslar, die thönernen Krüge und Pfeifen aus dem Unter= Westerwaldkreise im Reg.=Bezirke Wiesbaden sind, neben anderen, sehr gesucht und höchst vortheilhaft bekannt. Die Ziegeleien sind über alle Staaten und deren Provinzen verbreitet. — Ein= und Ausfuhr im deutschen Zollgebiete:

	Einfuhr.		Ausfuhr.	
	1868.	1869.	1868.	1869.
Fliesen, Mauer= u. Dachziegel ꝛc. Zollctr.	1,745,049	2,336,845	7,010,010	5,136,676
Porzellan . . . . "	7,421	7,096	134,189	69,896
Sonstige Thonwaaren . . . . . "	7,298	7,041	54,788	51,456

Industrie in Glas und Glaswaaren. Die Glasindustrie ist im Deutschen Reiche von großer Bedeutung; sie arbeitet für den Export und hat ihre Hauptsitze in Schlesien, im Rheinlande, in der Ober-Pfalz, in Mittel-Franken und Nieder-Bayern, in Thüringen und Lothringen. Es bestehen über 300 Glashütten. Ein- und Ausfuhr im deutschen Zollgebiete:

		Einfuhr.		Ausfuhr.	
		1868.	1869.	1868.	1869.
Grünes und weißes Hohlglas . . .	Zollctr.	43,790	42,951	334,482	339,233
Fenster- und Tafelglas	-	23,944	28,699	57,613	99,777
Spiegelglas	-	60,040	66,233	47,941	74,606
Sonstiges Glas, Glasröhren ꝛc. .	-	37,085	42,061	80,978	64,155

Industrie in sonstigen Arbeiten aus Steinen und Erden. Hier heben wir hervor: die geschätzten Juwelier-Arbeiten aus Berlin und Frankfurt a/M., das Schleifen und Verarbeiten von Achatsteinen oder das sogen. Obersteiner Fabrikswesen im oldenburgischen Fürstenthume Birkenfeld und in den an dieses grenzenden Kreisen des Reg.-Bezirks Trier, welches, gleich der Märmel-Fabrikation, d. i. der Verfertigung von Kugeln aus Kalkstein, Kiesel, Jaspis, Glas ꝛc., die in Thüringen (S.-Meiningen und S.-Gotha) betrieben wird, einen Handelsartikel abgiebt, die Schleiferei von Topasen, Lasursteinen, Granaten, Bergkrystallen, Achaten ꝛc. im Waldkircherthale in Baden, die Gewinnung von Lithographirsteinen in Solenhofen (Bayern), deren Erzeugnisse in ganz Deutschland, Rußland und Frankreich Eingang fanden, die Fabrikation von Schiefertafeln in Geroldsgrün in Ober-Franken, die Marmorwaaren-Fabrikation in Unterstein bei Berchtesgaden, die berühmte Verfertigung von Schmelztiegeln, feuerfesten Steinen ꝛc. im Kreise Witzenhausen des Reg.-Bezirks Kassel, die Gewinnung feuerfester Thonerde in Klingenberg a/M. (Bayern) mit Export nach allen continentalen Ländern und nach Amerika, die weitverbreitete Kalkbrennerei.

Industrie in chemischen Producten. Auch diese ist im Gebiete des Deutschen Reichs vielseitig und von großem Belange und sie liefert verschiedene Artikel für die Ausfuhr. Am hervorragendsten sind die chemischen Fabriken in Berlin, Schönebeck (Reg.-Bezirk Magdeburg), Neusalzwerk (Reg.-Bezirk Minden), Barmen, Köln, Crefeld, Breslau, Bonn, Duisburg, Hannover, Goslar, Kassel, Frankfurt a/M., Nürnberg, Ludwigshafen, Leipzig, Dresden, Heilbronn, Stuttgart, Mannheim, Rüppurr bei Karlsruhe, Offenbach, Hamburg ꝛc., die Fabriken von Parfümerien und wohlriechenden Wassern in Köln und Berlin, die Fabrikation von Pech und Lackfirnissen in Mainz, von arzneilichen Alcaloiden in Darmstadt. Die Seifen- und Kerzen-Erzeugung ist in Berlin, Barmen und Köln, die Zündholz-Fabrikation ist in Hessen (für den Export selbst nach überseeischen Ländern arbeitend), Württemberg, der bayerischen Rheinpfalz und in den preuß. Provinzen Schlesien, Sachsen und Hannover von großer Wichtigkeit. In Bezug auf die Bleistift-Fabrikation ist Nürnberg der erste Ort in der Welt. — Ein- und Ausfuhr im deutschen Zollgebiete:

		Einfuhr.		Ausfuhr.	
		1868.	1869.	1868.	1869.
Pottasche	Zollctr.	183,468	159,822	62,330	49,420
Soda, rohe	=	136,462	162,559	43,065	47,473
Salpeter	-	346,813	374,180	67,155	32,612
Schwefel-, Salz- und Salpetersäure . .	-	49,286	86,546	134,928	77,741
Lichte und Seifen	=	11,526	13,486	36,994	33,785
Parfümerien	-	2,502	2,527	17,234	21,001
Zündwaaren	-	27,484	29,617	35,692	39,163

Industrie in Nahrungsstoffen. Mehl und Rübenzucker sind für das Deutsche Reich wichtige Ausfuhrgegenstände. Im ganzen Reichsgebiete giebt es etwa 65,000 Getreidemühlen, von welchen ungefähr 1000 durch Dampf getrieben werden. Die Rübenzucker-Fabrikation, welche sich im stetigen Fortschreiten befindet, ist in Preußen (namentlich in der Provinz Sachsen, nächstdem in den Provinzen Schlesien und Brandenburg) und in den Herzogthümern Anhalt und Braunschweig zu einer hohen Blüthe

gelangt und gehört in dieſen Staaten zu den anſehnlichſten Induſtriezweigen. Rohrzucker=
Raffinerien beſtehen in Preußen, den Hanſeſtädten, Bayern und Baden (großartige
Zucker=Raffinerie in Mannheim). Im Jahre 1870/71 ſtanden im Reiche (ohne Elſaß=
Lothringen) 302 Rübenzucker=Fabriken (227 in Preußen, 35 in Anhalt, 25 in Braun=
ſchweig, je 5 in Thüringen und Württemberg, 4 in Bayern und 1 in Baden) in Thä=
tigkeit, deren Production auf 4,876,000 Zollctr. Rohzucker zu veranſchlagen iſt; die
Ein= und Ausfuhr im deutſchen Zollgebiete betrug:

		Einfuhr.		Ausfuhr.	
		1868.	1869.	1868.	1869.
Brod= u. Hutzucker . . . Zollctr.		4,565	6,106	73,601	113,736
Rohzucker u. Farin . . . •		211,426	51,675	156,726	367,529

Kaffeeſurrogate werden in größeren Mengen in den preußiſchen Provinzen
Sachſen und Hannover erzeugt. Ein weltberühmter Induſtriezweig für Nürnberg iſt
die Verfertigung von Lebkuchen und durch die Bereitung von eingeſalzenem Fleiſche
ſind die Hafenſtädte Hamburg und Bremen höchſt vortheilhaft bekannt.

Induſtrie in Getränken. Die bayeriſche Bierbrauerei nimmt ſowohl in
Hinſicht auf Umfang, als in Rückſicht auf die Qualität der Erzeugniſſe den erſten Platz
in der Welt ein; die in den Landestheilen dieſſeits des Rheins (im Königreiche Bayern
ohne die Pfalz) im Jahre 1869 im Betriebe befindlichen 5105 Bierbrauereien produ=
cirten 12,632,795 bayer. Eimer oder 8,643,068 Hektoliter Bier. Die größten Braue=
reien ſind in München, Regensburg, Nürnberg, Augsburg, Kulmbach ꝛc. Aber auch
in den anderen Bundesſtaaten iſt dieſe Induſtrie ſeit alter Zeit einheimiſch und es
ſind für ſie, beſonders zu Berlin, Danzig, Breslau, Erfurt, Dortmund, Oſterode,
Goslar, Kaſſel, Dresden, Braunſchweig, Ulm, Straßburg, in Thüringen ꝛc., ſehr um=
fangreiche Fabriken errichtet. Die Zahl der gewerblichen Bierbrauereien beträgt derzeit
im ganzen Reiche (ohne Elſaß=Lothringen) über 20,000. Die Erzeugung von Brannt=
wein und Spiritus iſt exportfähig; ihre bedeutendſten Anſtalten ſind in den Provinzen
Schleſien, Sachſen, Poſen und Brandenburg, in Württemberg, Bayern, Hamburg u. ſ. w.
Man zählt im ganzen Reiche etwa 30,000 Branntweinbrennereien, hauptſächlich als
Nebenzweig der Landwirthſchaft betrieben. Schaumwein wird in Preußen, Bayern,
Sachſen, Württemberg, Baden und Heſſen bereitet. Eſſig wird in 1500--1600
Fabriken erzeugt. — Handelsbewegung im deutſchen Zollgebiete:

		Einfuhr.		Ausfuhr.	
		1868.	1869.	1868.	1869.
Bier u. Meth . . . . Zollctr.		136,116	130,414	304,308	362,298
Branntwein aller Art . . . . . •		66,651	65,934	678,688	974,720
Eſſig . . . . •		2,281	2,091	9,603	15,820

Induſtrie in Tabakfabrikaten. Dieſe beſchäftigt im Deutſchen Reiche eine
ſehr große Anzahl von Menſchen. Ihre Hauptſitze ſind in den Städten Bremen und
Hamburg, in Baden (zu Lahr, Mannheim und Karlsruhe), in Heſſen (zu Offenbach,
Gießen und Mainz), in der bayer. Rheinpfalz, in Preußen (zu Berlin, Magdeburg,
Minden, Köln, Duisburg, Frankfurt a/M., Osnabrück, Hannover, Kaſſel und Hanau),
in Sachſen (zu Leipzig und Dresden), zu Braunſchweig ꝛc. Sie weiſt einen ſtarken
Export nach, ſelbſt nach Amerika. Die Zahl der Tabak= und Cigarren=Fabriken im
ganzen Reiche iſt derzeit auf mehr als 3600 anzuſchlagen (im bremiſchen Staate, Ende
1867, 220 Fabriken). — Ein= und Ausfuhr im deutſchen Zollgebiete:

		Einfuhr.		Ausfuhr.	
		1868.	1869.	1868.	1869.
Rauchtabak ꝛc. . . . . Zollctr.		8,753	8,096	34,505	26,027
Cigarren . . . . •		15,244	13,272	26,353	37,952
Schnupftabak . . . . •		133	140	5,649	8,973

Induſtrie in Seide. Dieſe Induſtrie liefert verſchiedene Artikel zur Ausfuhr,
von welchen namentlich die Sammte und Sammtwaaren eine große Rolle im Welt=
handel ſpielen. Die Seidenſpinnerei iſt im Regierungs=Bezirke Düſſeldorf concentrirt;

in demselben Reg.-Bezirke, zumal in den Städten Crefeld, Elberfeld und Barmen, ist auch die Heimath der Seidenwaaren-Fabrikation, die sonst in Berlin, in den Reg.-Bezirken Aachen, Köln und Minden und in Baden in größerem Maße betrieben wird. Auch in Deutsch-Lothringen wird in Seide gearbeitet. — Handel im deutschen Zollgebiete:

		Einfuhr.		Ausfuhr.	
		1868.	1869.	1868.	1869.
Seide und Floretseide	Zollctr.	3,155	3,566	6,652	3,100
Seidenwaaren	-	9,717	10,093	78,081	46,164

Industrie in Schafwolle. Die Industrie in Schafwolle gehört zu den bedeutendsten gewerblichen Thätigkeiten im Deutschen Reiche, nicht nur, weil sie über alle Länder desselben verbreitet ist, eine große Anzahl von Menschen ernährt und große Werthe darstellt, sondern auch weil ihre Erzeugnisse eine große Vollkommenheit in der Ausführung nachweisen und bei verhältnißmäßig billigem Preise starken Absatz in fremden europäischen und überseeischen Staaten finden. Preußen, insbesondere die Rheinprovinz (der Reg.-Bezirk Aachen mit den Städten Aachen, Burtscheid, Düren, Montjoie und Eupen und der Reg.-Bezirk Düsseldorf mit den Städten Lennep, Werden, Hückeswagen 2c.), die Provinzen Brandenburg (mit Berlin), Sachsen und Schlesien und das Königreich Sachsen (zumal der Reg.-Bezirk Zwickau mit den Städten Glauchau, Meerane, Chemnitz, Frankenberg 2c.) nehmen in der Streich- und Kammgarn-Spinnerei und in der Verfertigung der mannigfachsten Schafwollwaaren einen der ersten Plätze in der Welt ein. Zunächst steht Thüringen, wo die Schafwoll-Manufactur vorzüglich in den reussischen Ländern blüht; hierauf folgt Württemberg mit den Bezirken Reutlingen, Heidenheim, Göppingen, Nagold, Calw, Eßlingen 2c. Sonst ist diese Industrie sehr ansehnlich im Elsaß (Kammgarn-Spinnerei in Mühlhausen, Guebwiller und Malmersbach, Tuchfabrikation zu Bischweiler), in Ober-Franken (besonders in Hof), in Augsburg, in den hessischen Kreisen Erbach und Gießen, in den badischen Städten Mannheim und Billingen und in Dessau. Für die Erzeugung von Shawls und Teppichen ist Berlin, für letztere auch Hanau ein Hauptplatz. Zu Ende des Jahres 1861 standen in den damals zum Zollvereine gehörigen Staaten des Deutschen Reichs (incl. des oldenburg. Fürstenthums Lübeck) 1,369,240 Wollgarn-Feinspindeln (1,120,283 für Streich- und 248,957 für Kammgarn) und 84,351 Webestühle für Tuche und andere wollene und halbwollene Zeuge in Thätigkeit; für Elsaß-Lothringen wird die Zahl der Kammgarn-Spindeln auf 150,000 geschätzt. — Handel im deutschen Zollgebiete:

		Einfuhr.		Ausfuhr.	
		1868.	1869.	1868.	1869.
Wollengarne	Zollctr.	271,507	300,724	73,933	94,004
Wollene Waaren aller Art	-	74,830	88,671	289,334	306,581
Fußteppiche	-	2,541	2,903	4,032	5,225

Industrie in Flachs und Hanf. Diese gehört gleichfalls zu den hervorragendsten Nahrungszweigen der Bewohner des Deutschen Reichs. Die Spinnerei ist noch größtentheils Handspinnerei und wird auf dem Lande sehr häufig als Nebenbeschäftigung betrieben, als mechanische (im Ganzen, Anfangs 1871, 263,000 Feinspindeln) findet sie vorzugsweise in den Reg.-Bezirken Liegnitz (im Riesengebirge) und Minden (in der Grafschaft Ravensberg) statt. Die Garne gehören zu den ausgezeichnetsten auf dem Continente, reichen aber in ihrem Quantum nicht für den Bedarf der inländischen Fabrikation aus. Dasselbe gilt von der Zwirnfabrikation, für welche das Königreich Sachsen und die Provinzen Rheinland und Schlesien die Hauptsitze sind. Die Leinenweberei ist allgemein verbreitet (mit etwa ½ Mill. Webestühlen) und exportirt ihre Erzeugnisse nach den verschiedensten Ländern. Sie ist bis zur größten Vollkommenheit ausgebildet im Königreiche Sachsen (in der Lausitz), in den preußischen Provinzen Schlesien und Westfalen (in der Gegend von Bielefeld). Aber auch in anderen preuß. Landestheilen (wie in der Provinz Hannover und im Reg.-Bezirke Kassel), in Württemberg, Oberhessen, verschiedenen Theilen Bayern's, Baden's, Thüringen's und Braunschweig's hat sie einen großen Aufschwung genommen und liefert sie geschätzte Waaren von verschiedenen Qualitäten. Seilerwaaren werden in Westfalen, im Kasseler Reg.=Bezirke und im hannöverschen Kreise Osterholz in größeren Mengen erzeugt, ebenso in den Hansestädten, deren Segelmacherei einen sehr guten Ruf hat. — Handelsbewegung im deutschen Zollgebiete:

		Einfuhr.		Ausfuhr.	
		1868.	1869.	1868.	1869.
Leinengarn u. Zwirn	Zollctr.	199,617	218,758	40,521	41,758
Seilerwaaren und Packleinwand	=	97,482	106,443	142,706	127,050
Leinwand	=	47,074	62,460	152,671	99,481

Industrie in Baumwolle. Die Verarbeitung von Baumwolle hat in den Staaten des Deutschen Reichs seit Einführung der mechanischen Spinnapparate eine große Ausdehnung gewonnen und befindet sich gegenwärtig auf einer hohen Stufe der Entwickelung. Sie ist in Elsaß=Lothringen, im Königreiche Sachsen und in Württemberg der wichtigste Zweig der gewerblichen Thätigkeit dieser Länder; die Stadt Mühlhausen im Ober=Elsaß, der sächsische Regierungs=Bezirk Zwickau (die Gegend zwischen Chemnitz und Annaberg) und die württembergischen Oberamts=Bezirke Reutlingen, Geißlingen, Cannstatt und Nürtingen sind die Hauptsitze, Etablissements begreifend, die als Musteranstalten zu betrachten sind. Auch in Baden nimmt diese Industrie den ersten Platz in der Fabrikation ein. In Bayern ist sie von hoher Wichtigkeit, besonders in Schwaben und Ober=Franken, wo bedeutende Fabriken für Spinnerei und Weberei in Augsburg, Kempten, Kaufbeuren, Hof und Bayreuth bestehen, ferner in der Pfalz (Kaiserslautern). In Preußen zeichnen sich die Reg.=Bezirke Düsseldorf und Köln durch die Spinnerei aus; die Weberei ist wol über alle Provinzen verbreitet, ist aber hervorragend in der Rheinprovinz (insbesondere im Reg.=Bezirke Düsseldorf u. zwar in den Städten Barmen, Elberfeld, Gladbach, Rheydt und Neuß), in Westfalen (in der Grafschaft Mark und im Siegener Lande), in Schlesien (in der Gegend von Reichenbach, Glatz, Greifenberg und Schweidnitz), in den Provinzen Sachsen (im Eichsfelde) und Hannover. Sonst wird in Thüringen die Verfertigung von Baumwollwaaren sehr sorgfältig gepflegt, zumal in Reußischen und in Sachsen=Weimar, ferner in Oldenburg (zu Varel); in Hessen ist sie mehr untergeordnet. Die Erzeugung baumwollener Zwirne hat im Königreiche Sachsen (Reg.=Bezirk Zwickau) eine hohe Bedeutung erlangt. — Die Zahl der bei der Maschinen=Spinnerei für Baumwollgarn im ganzen Reiche in Thätigkeit befindlichen Feinspindeln wird für das Jahr 1870 auf 5 Mill. geschätzt; in Bezug auf diese Ziffer nimmt das Reich die erste Stelle auf dem europäischen Festlande ein. Die Zahl der Baumwoll=Webestühle war vor einigen Jahren auf 225,000 anzuschlagen. — Handelsbewegung im deutschen Zollgebiete:

		Einfuhr.		Ausfuhr.	
		1868.	1869.	1868.	1869.
Baumwolle	Zollctr.	2,299,373	2,271,670	789,412	936,397
Baumwollgarne	=	341,975	313,264	98,896	66,861
Baumwollwaaren	=	27,455	28,764	245,387	198,562

Färberei von Garnen und Geweben und Stoffdruckerei. Die Färberei und Druckerei ist im preußischen Reg.=Bezirke Düsseldorf (insbesondere die Türkischrothfärberei in Elberfeld und Barmen, und die Seidenfärberei in Crefeld) und im sächsischen Reg.=Bezirke Zwickau zu einer sehr großen Vollkommenheit gediehen. Sonst sind als Hauptorte dieser Industrie zu nennen: Mühlhausen im Elsaß (für die Stoffdruckerei), Heidenheim in Württemberg (für Wollfärberei und Kattundruckerei), Konstanz, Lörrach und Säckingen in Baden (wo sich weltberühmte Druckfabriken für Baumwollzeuge befinden), Augsburg (für Kattundruckerei) und Ingolstadt (für Färberei) in Bayern.

Sonstige Zweige der Webe=Industrie. Die Strumpfwaaren=Industrie ist im Königreiche Sachsen (hauptsächlich im Reg.=Bezirke Zwickau), im Großherzogthume Sachsen=Weimar (in Apolda und anderen Orten) und im Fürstenthume Reuß älterer Linie (in Zeuleuroda) zu der größten Bedeutung herangewachsen; die Erzeugnisse aus diesen Ländern concurriren mit den englischen und finden auf überseeischen Märkten vielfachen Absatz. Sonst sind die preußischen Reg.=Bezirke Düsseldorf und Köln, die Stadt Berlin, die württembergischen Oberämter Balingen und Tuttlingen und der bayerische Reg.=Bezirk Mittel=Franken die Hauptsitze für diesen Industriezweig. Durch die Spitzenklöppelei und Weißstickerei haben verschiedene Districte im sächsischen Erzgebirge und in Württemberg einen in allen Ländern verbreiteten Ruf erlangt, in der Buntstickerei sind Berlin und Frankfurt a/M. berühmt. Posamentierwaaren aus dem sächsischen Reg.=Bezirke Zwickau, aus Berlin, Barmen, Brieg (Schlesien), Stuttgart und Isny (Württemberg) werden exportirt. Die Fabrikation von Wachstuch ist im Königreiche Sachsen (namentlich in Leipzig), jene von Sonn= und Regenschirmen in Preußen (Berlin, Frankfurt a/M. ꝛc.) und Württemberg am bedeutendsten. Kleider, Wäsche und Putzwaaren werden in Berlin, Magdeburg, Aachen, Leipzig und Hamburg, die erstgenannten auch in Stuttgart, Rottweil (Württemberg), Worms und Mainz fabriksmäßig, für den Handel, erzeugt. Die württembergischen Corset= und Blousenfabriken versehen mit ihren Erzeugnissen nicht nur die continentalen Märkte, sondern auch überseeische Länder.

. Industrie in Leder und Lederwaaren. Die Lederbereitung ist in den Staaten des Deutschen Reichs ein altes Gewerbe, das sich eines sehr guten Erfolges erfreut und mannigfache Erzeugnisse in den Handel nach verschiedenen fremden Staaten liefert. Sie wird von etwa 12,000 Kleingewerben und Fabriken betrieben und beschäftigt in Württemberg, Bayern, der Rheinprovinz, in Hessen und Thüringen die meisten Menschen. Durch ausgezeichnete Ledersorten ist Rheinhessen mit Mainz und Worms weltberühmt. In Mainz und der pfälzischen Stadt Pirmasens ist die Schuhmacherei ein hochwichtiger Industriezweig, dessen Erzeugnisse fast in allen Theilen der Welt Absatz finden; auch an anderen Orten, wie in Erfurt, Naumburg, Sangerhausen, Weißenfels, Berlin, Gotha, Koburg, Offenbach, im württemberg. Oberamte Balingen, wird sie im Großen und fabrikmäßig, für den Export, betrieben. Die Erzeugung von Sattler=, Riemer= und Taschnerwaaren weist in Berlin, Aachen, Düsseldorf, Breslau, München, Nürnberg, Stuttgart, Karlsruhe, jene von Leder=Galanteriewaaren in Berlin, Offenbach, Nürnberg ꝛc. das Vollendetste nach. Handschuhe werden aus Württemberg ausgeführt. — Handelsbewegung im deutschen Zollgebiete:

		Einfuhr.		Ausfuhr.	
		1868.	1869.	1868.	1869.
Leder	Zollctr.	23,898	25,884	132,069	88,028
Grobe Schuhmacher= ꝛc. Waaren	=	3684	4608	35,111	22,212
Feine Lederwaaren	=	2788	3776	15,153	12,313
Handschuhe	=	319	370	808	664

Industrie in Papier und Papierarbeiten. Diese Industrie hat im Deutschen Reiche eine sehr große Entwickelung erlangt. Die 950 Papiermühlen und Fabriken befriedigen nicht allein den erheblich gesteigerten einheimischen Bedarf, sondern exportiren auch noch ansehnliche Mengen. Die Fabrikation von Papiertapeten ist in der Rheinprovinz, in Hessen=Berlin und Hamburg am umfangreichsten, auch in Hessen, in welchem Lande außerdem noch die Erzeugung von Buntpapier und Spielkarten von größtem Belange ist. Für Buchbinder=, Papp= und Cartonnage=Arbeiten sind Berlin, Koblenz, Leipzig, Frankfurt a/M. ꝛc., für die Fabrikation von Papiermaché=Waaren die beiden erstgenannten Städte und verschiedene Orte in Thüringen, namentlich im meiningenschen Kreise Sonneberg, die wichtigsten Productionsplätze. — Handel im deutschen Zollgebiete:

		Einfuhr.		Ausfuhr.	
		1868.	1869.	1868.	1869.
Papier aller Art	Zollctr.	80,774	102,849	348,808	408,596
Papiertapeten, Gold= u. Silberpapier	=	12,372	10,586	109,493	31,244
Waaren aus Papier	=	1170	1667	26,824	3796
Spielkarten	=	12	14	759	929

Industrie in sonstigen animalischen und vegetabilischen Stoffen. Die Strohwaaren=Manufactur ist besonders im sächsischen Gerichtsamte Dippoldiswalde, im badiſchen und württembergiſchen Schwarzwalde, in den preuß. Reg.=Bezirken Erfurt und Breslau, im heſſiſchen Kreiſe Nidda ꝛc. zu Hauſe. Die Korbflechterei wird faſt überall betrieben. Eine erhebliche Geſchäftsausdehnung iſt bei den Sägemühlen und Fournierſchneidereien, ſowie bei der Verfertigung von Holzwaaren in den meiſten Staaten bemerkbar. Große Fortſchritte hat die Fabrikation von Tiſchlerwaaren gemacht (für den Export arbeitend), insbeſondere in Berlin, in den ſüddeutſchen Hauptſtädten, in Hanau, Koburg, Johanngeorgenſtadt (Sachſen), Nürnberg u. ſ. w.; in Mainz behauptet die Möbel=Fabrikation eine der erſten Stellen unter den dort betriebenen Induſtrie= zweigen. Die Fabrikation von Drechslerwaaren iſt berühmt in den Städten Nürnberg, Fürth, Stuttgart, Freiburg, Worms, in Berlin, Danzig (Bernſteinwaaren), Ruhla (Pfeifenköpfe), Waltershauſen (in S.=Gotha, Hemdknöpfchen), Frankenhauſen (in Schw.= Rudolſtadt, Perlmutterfabrikate) und Hamburg. Die Verfertigung von Schnitzwaaren aus Holz, Bein u. dgl (Spielwaaren ꝛc.) iſt in dem meiningen'ſchen Kreiſe Sonneberg, in einigen Gegenden Bayern's (im Ammergau, in Berchtesgaden, Nürnberg und Fürth), Württemberg's, der Reg.=Bezirke Erfurt, Liegnitz und Zwickau, ſowie in einigen koburg= gothaiſchen Städten ein wichtiger Erwerbszweig geworden, der ſich in den verſchiedenſten Ländern ein Abſatzgebiet errang. Die Hutfabrikation wird in verſchiedenen größeren Städten, die Erzeugung von Gummi= und Guttapercha=Waaren wird hauptſächlich in Harburg nnd Berlin in hervorragender Weiſe gepflegt. — Handel im deutſchen Zollgebiete:

		Einfuhr.		Ausfuhr.	
		1868.	1869.	1868.	1869.
Grobe, rohe Böttcherwaaren	Zollctr.	251,910	300,468	249,571	269,120
Holz in geſchnittenen Fournieren	=	11,939	14,800	7528	7266
Hölzerne Hausgeräthe ꝛc.	=	18,571	21,646	33,639	70,758
Feine Holzwaaren	=	10,090	10,970	140,230	104,492
Gepolſterte ꝛc. Möbel	=	1309	1346	33,641	2657
Kautſchukwaaren	=	4009	4856	13,564	14,578

Handel und Verkehr.

Das Deutſche Reich bildet, nach ſeiner Verfaſſungs=Urkunde vom 16. April 1871, ein von gemeinſchaftlicher Zollgrenze umgebenes Zoll= und Handelsgebiet, von welchem nur einzelne, wegen ihrer Lage zur Einſchließung in die Zollgrenze nicht geeignete Gebietstheile (Zollausſchlüſſe) ausgenommen ſind. Ebenſo bleiben die Hanſeſtädte Bremen und Hamburg, als Freihäfen, außerhalb der gemeinſchaftlichen Zollgrenze, bis ſie ihren Einſchluß in dieſelbe beantragen. Dagegen ſind dem deutſchen Zollgebiete das Großherzogthum Luxemburg (vermöge des Vertrags vom 20./25. October 1865, wegen Fortdauer ſeines Anſchluſſes an das preuß. Zollſyſtem) und die öſterreichiſche (tiroliſche) Gemeinde Jungholz (Vertrag vom 3. Mai 1868) einverleibt.

Nach der Reichsverfaſſung können alle Gegenſtände, welche im freien Verkehre eines Bundesſtaats befindlich ſind, in jeden andern Bundesſtaat eingeführt und in letz= terem einer Abgabe nur inſoweit unterworfen werden, als daſelbſt gleichartige inlän= diſche Erzeugniſſe einer innern Steuer unterliegen. Das Reich ausſchließlich hat die Geſetzgebung über das ſammte Zollweſen, über die Beſteuerung des im Bundesge= biete gewonnenen Salzes und Tabaks, bereiteten Branntweins und Biers und aus Rüben oder anderen inländiſchen Erzeugniſſen dargeſtellten Zuckers und Syrups, über den gegenſeitigen Schutz der in den einzelnen Bundesſtaaten erhobenen Verbrauchsab= gaben gegen Hinterziehungen, ſowie über die Maßregeln, welche in den Zollausſchlüſſen zur Sicherung der gemeinſamen Zollgrenze erforderlich ſind. In Bayern, Württemberg und Baden jedoch iſt die Beſteuerung des inländiſchen Branntweins und Biers der Landesgeſetzgebung vorbehalten. — Die Verwaltung der Zölle und Verbrauchsſteuern iſt den einzelnen Bundesſtaaten überlaſſen. — Der Ertrag der Zölle und der anderen vorhin erwähnten, der Reichsgeſetzgebung unterliegenden Abgaben fließt in die Reichs= kaſſe. Die außerhalb der gemeinſchaftlichen Zollgrenze liegenden Gebiete tragen zu den Ausgaben des Reichs durch Zahlung eines Averſum's bei. Bayern, Württemberg und Baden haben an dem in die Reichskaſſe fließenden Ertrage der Steuern von Brannt= wein und Bier und an dem dieſem Ertrage entſprechenden Averſum keinen Theil.

Zum Zwecke der Herstellung und Aufrechthaltung eines gemeinsamen Zoll- und Handelsspstems und der Freiheit des Verkehrs waren die gegenwärtigen deutschen Bundesstaaten, bereits vor der Bildung des Deutschen Reichs, in dem deutschen Zoll- und Handelsvereine verbunden, der durch den Vertrag v. 22. März 1833 begründet und durch spätere Verträge weiter ausgebildet wurde, zuletzt durch den Vertrag vom 8. Juli 1867, dessen Bestimmungen, soweit sie nicht durch die Reichsverfassung abgeändert sind, noch derzeit in Kraft stehen. So hat auch die bisherige Unterscheidung der Mitglieder des Zollvereins in unmittelbare und mittelbare noch vollkommene Geltung; die letzteren sind solche, welche sich zunächst dem Zollspsteme eines der unmittelbaren Glieder angeschlossen haben, von diesem im Gesammtbunde vertreten und hinsichtlich der Zölle und Verbrauchssteuern verwaltet werden. Die Bundesstaaten sind sonach, in Rücksicht auf das Zoll- und Handelswesen, folgendermaßen gruppirt: 1) Preußen (incl. Lauenburg und Communionsamt Goslar); mit diesem stehen im engern Verbande Luxemburg, Anhalt, Waldeck-Phrmont, Lippe und Schaumburg-Lippe, die oldenburgischen Fürstenthümer Birkenfeld und Lübeck, die schwarzburgischen Unterherrschaften, der Justizamts-Bezirk Allstedt mit Oldisleben (von S.-Weimar), die Parzelle Volkenroda (von S.-Gotha), die Hansestadt Lübeck, einige hamburgische und bremische Gebietstheile und die mecklenburgischen von der Provinz Brandenburg enclavirten Ortschaften Rossow, Netzeband und Schöneberg; — 2) Bapern; mit diesem befinden sich im engern Verbande die Justizamts-Bezirke Ostheim (von S.-Weimar, doch ohne den Ort Melpers, und Königsberg (von S.-Koburg) und die tirolische Gemeinde Jungholz; — 3) Sachsen; — 4) Württemberg; — 5) Baden; — 6) Hessen; — 7) der thüringische Zoll- und Handelsverein, welcher die preußischen Kreise Erfurt, Schleusingen, Ziegenrück und Schmalkalden, das Großherzogthum S.-Weimar (ohne die Aemter Allstedt u. Ostheim, doch incl. Ort Melpers), die Herzogthümer S.-Meiningen, S.-Koburg-Gotha (ohne die Enclaven Königsberg und Volkenroda) und S.-Altenburg, die schwarzburgischen Oberherrschaften und die beiden reußischen Fürstenthümer begreift; — 8) Mecklenburg (Schwerin und Strelitz) mit einigen preußischen Enclaven; — 9) Oldenburg (Herzogthum), mit dem preußischen Jade-Gebiete und einigen bremischen Gebietstheilen; — 10) Braunschweig; — 11) Elsaß-Lothringen (Gesetz vom 17. Juli 1871).

Zollausschlüsse sind: einige preußische Gebietstheile (die Stadt Altona, ein Theil des Fleckens Wandsbeck und des Dorfs Marienthal, der Hafenort Geestemünde, das Fort Wilhelm in Bremerhaven, 7 Elbinseln und die Dorfschaft Aumund), 19 badische Ortschaften und Höfe, der oldenburgische Hafenort Brake, die Hansestädte Bremen und Hamburg, erstere mit dem größten Theile, letztere mit einem Bezirke ihres Gebiets.

Das im Deutschen Reiche geltende Zollgesetz datirt vom 1. Juli 1869; ein neuer Zolltarif wurde am 1. October 1870 eingeführt. Alle Durchfuhrzölle sind aufgehoben; die Eingangszölle sind eingeschränkt und ermäßigt; bei der Ausfuhr sind nur Lumpen und andere Abfälle zur Papierfabrikation einer Abgabe unterworfen.

Ueber die Ein- und Ausfuhr im deutschen Zollgebiete liegen nur rücksichtlich der Mengen amtliche Zusammenstellungen vor, aus denen das Wichtigste bereits früher mitgetheilt wurde; amtliche Erhebungen des Werths fehlen. O. Hübner berechnet denselben für das Jahr 1870 in der Einfuhr mit 560 Mill., in der Ausfuhr mit 480 Mill. Thlr.

Der Handel in den Hansestädten ist nach den offiziellen Berichten folgendermaßen gestaltet.

a) Hansestadt Lübeck. Werth der Einfuhr in Mark Courant (2½=1 Thlr.) 1868—1870:

	im Jahre 1868.		im Jahre 1869.		im Jahre 1870.	
	Totale	Darunter Contanten u. edle Metalle	Totale	Darunter Contanten u. edle Metalle	Totale	Darunter Contanten u. edle Metalle
Seewärts	23,608,224	483,345	22,183,081	229,749	22,591,849	1,323,900
Land- u. Flußwärts . .	55,348,249	5,785,620	53,731,016	1,056,540	53,914,671	
Zusammen	79,956,473	6,268,965	75,914,097	1,286,289	76,506,520	1,323,900

Ueber die Gesammtausfuhr fehlen die Daten.

b) Hansestadt Bremen. Werth der Ein= und Ausfuhr 1868—1870, in Rthlr.
Gold (100 solche Thaler = 110,₁₄₃ Thlr. preuß. Cour.):

1. Nach den Hauptrichtungen.	im Jahre 1868.		im Jahre 1869.		im Jahre 1870.	
	Einfuhr.	Ausfuhr.	Einfuhr.	Ausfuhr.	Einfuhr.	Ausfuhr.
Vereinigte Staaten	24,516,228	16,631,993	26,933,371	20,648,518	29,958,327	17,518,124
Uebriges Amerika	12,928,855	1,766,410	11,104,734	1,723,623	9,802,004	1,722,458
Asien, Afrika, Australien . .	8,006,015	891,251	6,940,960	925,872	4,136,972	696,565
Ausrüstung der Handelsflotte.	—	1,192,354	—	1,238,876	—	920,859
Transatlantischer Handel	45,451,098	20,482,038	44,979,065	24,536,859	43,397,303	20,858,006
Deutsch. Zollverein zur See .	1,092,111	4,115,639	1,664,639	3,574,184	1,652,160	3,263,315
Uebriges Europa zur See . .	21,112,920	11,236,807	21,368,976	11,443,344	16,051,462	11,067,747
Europäischer Seehandel . .	22,205,031	15,352,446	23,033,615	15,017,528	17,703,622	14,351,062
Zollverein, land= u. flußwärts	25,944,508	41,352,370	30,297,522	40,584,459	26,716,956	38,718,123
Uebriges Europa	4,530,466	12,784,144	5,002,375	14,779,613	4,485,557	17,020,283
Landhandel	30,474,974	54,136,514	35,299,897	55,364,102	31,202,513	55,738,406
Gesammthandel . . .	98,131,103	89,970,998	103,312,577	94,918,519	92,303,438	90,947,474

2. Nach den Waarengattungen.

Verzehrungsgegenstände. . .	34,082,726	31,937,101	35,562,166	29,927,906	27,074,106	30,440,405
Rohstoffe	36,173,838	34,229,904	35,679,516	36,928,405	37,562,041	36,029,476
Halbfabrikate	5,928,235	5,377,860	6,747,458	6,205,265	5,122,548	4,651,495
Manufacturwaaren	12,056,532	9,949,409	14,380,116	12,205,073	12,788,924	10,983,825
Andere Industrie-Erzeugnisse.	9,585,154	8,385,724	10,762,986	9,651,870	9,711,081	8,838,523
Contanten und edle Metalle .	304,618	91,000	150,335	—	44,738	3750
Zusammen . .	98,131,103	89,970,998	103,312,577	94,918,519	92,303,438	90,947,474

Die Ein= und Ausfuhr einiger Hauptartikel ergab in den genannten 3 Jahren
folgende Ziffern in deutschen Zollcentnern:

	Einfuhr.			Ausfuhr.		
	1868.	1869.	1870.	1868.	1869.	1870.
Roher Tabak	669,313	713,931	606,672	717,950	651,347	650,640
Baumwolle	682,653	517,693	638,188	665,962	576,413	659,181
Reis	1,553,193	1,615,600	724,698	1,113,996	932,830	945,585
Zucker, roh	106,161	131,476	145,890	12,679	38,859	69,890
Zucker, raffinirt	14,276	17,837	23,811	61,972	62,219	46,562
Kaffee	198,263	159,644	77,584	149,424	145,239	116,127
Färbehölzer	143,539	110,440	71,677	74,840	54,806	78,546

c) Hansestadt Hamburg. Werth der Einfuhr 1868—1870, in Thalern
preuß. Cour.

1. Nach den Hauptrichtungen.	im Jahre 1868.	im Jahre 1869.	im Jahre 1870.
Einfuhr von Süd-Amerika . . .	15,985,615 Thlr.	22,273,870 Thlr.	13,455,770 Thlr.
» » Westindien	5,246,805 »	5,980,190 »	4,044,295 »
» » Nord-Amerika . . .	14,442,365 »	17,560,625 »	13,515,050 »
» » Asien, Afrika, Australien	5,477,340 »	5,043,010 »	5,020,620 »
Transatlantischer Handel . .	41,152,125 »	50,857,695 »	36,035,735 »
Einfuhr von Großbritannien . .	142,018,665 »	136,944,670 »	117,458,290 »
» » Nord-Europa . . .	17,265,660 »	18,587,205 »	13,810,690 »
» » Süd-Europa u.b.Levante.	13,204,180 »	16,171,895 »	9,715,000 »
Häfen Europa's u. der Levante .	172,488,505 »	171,703,970 »	140,983,980 »
Einfuhr von und über Altona . .	23,176,230 »	26,684,415 »	24,036,520 »
Totale seewärts.	236,816,860 »	249,246,080 »	201,056,235 »
Einfuhr land= und flußwärts . . .	172,205,275 »	178,617,690 »	168,580,735 »
Gesammt-Einfuhr	409,022,135 »	427,863,770 »	369,636,970 »

2. Nach den Waarengattungen.

Einfuhr von Verzehrungsgegenständen	107,070,995 »	117,726,835 »	101,708,625 »
» » Rohstoffen u. Halbfabrikaten	146,106,780 »	165,394,555 »	140,692,840 »
» » Manufacturwaaren . .	76,993,185 »	79,591,670 »	66,868,155 »
» » Kunst= u.Industrie-Erzeugn.	42,590,275 »	46,831,395 »	39,269,210 »
» » Contanten u. edlen Metallen	36,260,900 »	18,319,315 »	21,096,140 »
Summe. . .	409,022,135 »	427,863,770 »	369,636,970 »

Die Einfuhr verschiedener Hauptartikel betrug in den Jahren 1869 u. 1870 folgende Ziffern in deutschen Zollcentnern:

	1869.	1870.		1869.	1870.
Kaffee	1,353,207	1,085,948	Mehl u. and. Mühlen-		
Thee	43,380	39,419	fabrikate	931,892	1,002,732
Zucker, roh	756,511	963,199	Steinkohlen	13,874,520	14,113,960
Zucker, raffinirt	97,223	126,268	Eisen	1,566,349	1,867,171
Tabak u. Tabakstengel	315,951	243,494	Baumwolle	789,377	594,372
Cigarren	118,036	114,959	Schafwolle	196,197	130,720
Reis	451,995	270,871	Baumwollgarn	223,450	203,035
Getreide	4,303,375	3,300,997	Schafwollgarn	168,757	173,087
			Leinengarn u. Zwirn	77,749	88,880

Ueber die hamburgische Waaren-Ausfuhr der neuesten Zeit fehlen alle Daten.

Seeschiffahrt. Die Kauffahrteischiffe aller Bundesstaaten bilden eine einheitliche Handelsmarine. Der Bestand derselben ist, abgesehen von den kleinsten Fahrzeugen, nach amtlichen Angaben folgender:

	Seeschiffe.	Tonnen à 2000 Zollpfd.	Darunter Dampfer.	
			Schiffe.	Tonnen.
Preußen (1869)	3594	644,698	80	11,250
Mecklenburg (Anfang 1870)	439	177,864	9	?
Oldenburg	226	55,982	—	—
Lübeck	47	11,244	23	?
Bremen	300	238,418	26	52,702
Hamburg	473	254,842	36	39,386
Summe	5079	1,383,048	174	103,338

Einschließlich der kleinen Küstenfahrer, Leichterfahrzeuge rc. erhöht sich der Stand der preußischen Kauffahrtei=Flotte auf ca. 5300 Schiffe mit 679,000 Tonnen und dürfte der Tonnengehalt der ganzen deutschen Handelsflotte 1½ Mill. bald erreichen. Die deutsche Handelsmarine nimmt, in Bezug auf ihre Größe, den dritten Platz unter den Kauffahrtei=Flotten auf der Erde ein; sie wird in dieser Hinsicht nur von der britischen und der nordamerikanischen übertroffen.

Der See=Schiffahrtsverkehr war in sämmtlichen Häfen des Reichs in den Jahren 1868—1870 folgendermaßen gestaltet (Tonnen à 2000 Zollpfund):

	Eingelaufen.						Ausgelaufen.					
	1868.		1869.		1870.		1868.		1869.		1870.	
Bundesstaaten.	See-Schiffe.	Tausende v. Tonnen.	See-Schiffe.	Tausende v. Tonnen.	See-Schiffe.	Tausende v. Tonnen.	See-Schiffe.	Tausende v. Tonnen.	See-Schiffe.	Tausende v. Tonnen.	See-Schiffe.	Tausende v. Tonnen.
Preußen	44,665	3162	46,782	3400	40,317	3349	47,330	3215	50,121	3396	36,796	2845
Mecklenburg	1109	?	1035	?	709	?	1136	?	1100	?	720	?
Oldenburg	1641[1]	133[1]	1314	95	1019	62	1566[1]	147[1]	1469	132	1139	92
Lübeck	1618	228	1775	244	1694	200	1618	231	1769	244	1663	193
Bremen	3182	847	3032	873	2350	712	3277	841	3176	894	2368	700
Hamburg	5297	2044	5192	2135	4144	1853	5287	2038	5201	2128	4101	1835
Summe	57,512	6414	61,130	6750	50,233	6196	60,214	6472	62,835	6796	48,787	5665

Von den preußischen Häfen heben wir die folgenden, als die besuchtesten, hervor:

	Eingelaufen.				Ausgelaufen.			
	1868.		1869.		1868.		1869.	
	See-schiffe.	Tonnen.	See-schiffe.	Tonnen.	See-schiffe.	Tonnen.	See-schiffe.	Tonnen.
Swinemünde (Stettin)	3385	623,240	3527	675,800	?	?	3615	666,342
Danzig	1709	418,830	1803	429,888	1754	426,464	1851	446,678
Kiel	4131	308,138	4594	319,828	4209	306,974	4664	321,460
Pillau (Königsberg)	1284	216,068	1353	256,272	1218	214,074	1313	254,080
Memel	1004	206,486	892	174,028	1019	211,192	917	182,485
Altona	1214	93,102	1185	97,557	?	?	?	?

1) Im Jahre 1867.

Eisenbahnen. Nach der Reichsverfassung verpflichten sich die Bundesregierungen, die deutschen Eisenbahnen im Interesse des allgemeinen Verkehrs wie ein einheitliches Netz verwalten und zu diesem Behufe auch die neu herzustellenden Bahnen nach einheit= lichen Normen anlegen und ausrüsten zu lassen. Eisenbahnen, welche im Interesse der Vertheidigung Deutschlands oder im Interesse des gemeinsamen Verkehrs für noth= wendig erachtet werden, können kraft eines Reichsgesetzes auch gegen den Widerspruch der Bundesglieder, deren Gebiet die Eisenbahnen durchschneiden, unbeschadet der Lan= deshoheitsrechte, für Rechnung des Reichs angelegt oder an Privatunternehmer zur Aus= führung concessionirt und mit dem Expropriationsrechte ausgestattet werden.

Nach dem letzten Verwaltungsberichte der geschäftsführenden Direction des deut= schen Eisenbahn=Vereins betrug die Länge der Anfangs August 1871 im Deutschen Reiche im Betriebe befindlichen Eisenbahnen folgende Ziffern:

Staatsbahnen . . . . preuß. Ml. (à 7532,48 Meter) . . 1263,29
unter Staatsverwaltung stehende Privatbahnen . . . » » » » . . . 365,22
alle anderen Privatbahnen . . . . » » » » » . . 1086,03
Summe . . . » » » » » . . 2714,54
= in geograph. Meilen (à 7420,44 Meter) . 2755,52
» » neuen deutsch. Meilen (à 7500 Meter) . 2726,30

Es entfällt sohin im Reiche 1 geogr. Mle. Eisenbahn auf 3,6 geogr. Quadr.=Mln.

Banken und Anstalten für den Geschäfts= und industriellen Credit. Solche Institute sind: in Preußen, 13 Zettelbanken, nämlich: die preu= ßische Bank in Berlin (gegr. 1765, reorg. 1846 u. 1856, Grundcapital 20 Mill. Thlr. Privat=Bankantheile u. 1,897,800 Thlr. Staatseinschuß), die Bank des Berliner Kassen= vereins (seit 1850, Act.=Capital 1 Mill. Thlr.), die ritterschaftliche Privatbank in Pommern zu Stettin (f. 1824, Act.=Cap. 1,899,000 Thlr.), die Magdeburger Privat= bank (f. 1856, Act.=Cap. 1 Mill. Thlr.), die städtische Bank in Breslau (f. 1848, Stamm= Cap. 1 Mill. Thlr.), die communalständische Bank für die preußische Ober=Lausitz in Görlitz (Stamm=Cap. 1 Mill. Thlr.), die Provinzial=Actienbank zu Posen (f. 1857, Act.=Cap. 1 Mill. Thlr.), die Privatbanken in Danzig (f. 1857) und Köln (f. 1855, jede mit einem Act.=Cap. von 1. Mill. Thlrn.), die nassauische Landesbank zu Wiesbaden (f. Dec. 1869 communalständ. Institut), die Homburger Bank (f. 1856, Act.=Cap. 1 Mill. fl.), die Frankfurter Bank in Frankfurt am Main (f. 1854, Act.=Cap. 40 Mill. fl. südd. Währ., 10 Mill. fl. emittirt) und die hannoversche Bank für Handel und Gewerbe zu Hannover (f. 1856, Act.=Cap. 4 Mill. Thlr.); ferner die Berliner Disconto=Gesell= schaft (f. 1850, Act.=Cap. 10,902,400 Thlr.), die Berliner Handelsgesellschaft (f. 1856, Act.=Cap. 7½ Mill. Thlr.), die deutsche Genossenschafts=Bank von Sörgel, Parrisius u. Comp. (f. 1865), die Gewerbebank H. Schuster u. Comp. (Act.=Cap. 4 Mill. Thlr.), die Gewerbe=Creditbank K. Asch, die deutsche Handelsbank, die deutsche Bank (f. 1870, A.=C. 5 Mill. Thlr.), die deutsche Unionbank (f. 1871, Act.=Cap. 6 Mill. Thlr.), die Berliner Wechslerbank (f. 1871, Act.=Cap. 5 Mill. Thlr.), der Berliner Bankverein (f. 1871, Act.=Cap. 6 Mill. Thlr.), die Centralbank für Genossenschaften (f. 1871, Act.= Cap. ½ Mill. Thlr.), die Berliner Bank (f. Juni 1871, Act.=Cap. 2 Mill. Thlr.), die Berliner Makler=Bank (f. Oct. 1871, Act.=Cap. 1 Mill. Thlr.), die Berliner Depositenbank (f. Nov. 1871, Act.=Cap. 5 Mill. Thlr.), die Berliner Producten= und Handelsbank (f. Nov. 1871, Act.=Cap. 4 Mill. Thlr.), die Börsenbank für Makler= geschäfte (f. Nov. 1871, Act.=Cap. 1½ Mill. Thlr.), die Provinzial=Disconto=Gesell= schaft (f. Nov. 1871, A.=C. 10 Mill. Thlr.), die Centralbank für Industrie u. Handel (f. Nov. 1871, emitt. A.=C. 12½ Mill. Thlr.) u. die Commerz= u. Wechselbank (f. Dec. 1871, A.=C. 1 Mill. Thlr.), alle zu Berlin; — die Nieder=Lausitzer Bank in Cott= bus (f. Nov. 1871, A.=C. 1 Mill. Thlr.), die Creditgesellschaft in Frankfurt a/O. (A.=C. 500,000 Thlr.), die Stettiner Vereinsbank (f. 1871, A.=C. 2 Mill. Thlr.), die Bank= vereine in Magdeburg (Act.=Cap. 600,000 Thlr.), Halle (Act.=Cap. 500,000 Thlr.) und Erfurt (f. Oct. 1871, Act.=Cap. 2 Mill. Thlr., emitt. ½ Mill. Thlr.); die schlesische landschaftl. Bank, der schlesische Bankverein (f. 1856, Act.=Cap. 5 Mill. Thlr.), die

Disconto=Bank (f. 1870, Act.=Cap. 4 Mill. Thlr.), die Wechſlerbank (f. 1871, A.=C. 1 Mill. Thlr.), und die Maklerbank (f. Nov. 1871, A.=C. 1½ Mill. Thlr.), in Breslau; der niederſchleſiſche Kaſſenverein zu Grünberg (A.=C. 620,000 Thlr.), der ober= ſchleſiſche Creditverein in Ratibor (f. Nov. 1871, Act.=Cap. 600,000 Thlr.), die Königs= berger Vereinsbank (f. 1871, A.=C. 1 Mill. Thlr.), die Creditbank in Thorn (f. 1866), die Bank für Landwirthſchaft und Induſtrie in Pr. Stargard (f. 1871, Act.=Cap. 30,000 Thlr.), der Danziger Bankverein (f. Oct. 1871, Act.=Cap. 1 Mill. Thlr.), die · weſtfäliſche Bank zu Bielefeld (f. 1871, Act.=Cap. 1 Mill. Thlr.); die Bank für Rhein= land und Weſtfalen (f. Oct. 1871, Act.=Cap. 10 Mill. Thlr., emitt. 5 Mill. Thlr.), der Schaaffhauſen'ſche Bankverein (ſeit 1848, Act.=Cap. 10,374,000 Thlr.) und die Wechſlerbank (f. Dec. 1871, A.=C. 1 Mill. Thlr.) in Köln; der Barmer Bankverein (f. 1867, Act.=Cap. 1,230,400 Thlr.), die heſſiſche Bank in Kaſſel (f. Oct. 1871, Act.=Cap. 10 Mill. Thlr., emitt. 1 Mill. Thlr.); die öſterreichiſch=deutſche Bank (f. 1871, A.=C. 8 Mill. Thlr.), die Wechſlerbank (A.=C. 4 Mill. Thlr.) und die deutſche Vereinsbank in Frankfurt a.'M.; die Bankvereine in Wiesbaden (ſeit 1856, Act.= Cap. 12 Mill. fl.) und Frankfurt a./M. (gegr. im Jan. 1871), die Vereinsbank in Kiel (f. 1865, Act.=Cap. 500,000 Thlr.); — in Bayern, die bayer. Hypotheken= und Wechſelbank (f. 1834, Act.=Cap. 20 Mill. fl. ſüdd. Währ.), die bayer. Vereinsbank (f. 1869, Act.=Cap. 5,250,000 fl., wie die vorige Zettelbank) und die bayeriſche Handelsbank (f. 1869, Act.=Cap. 12 Mill. fl., emittirt 2 Mill. fl.) in München, die königl. Bank zu Nürnberg (f. 1786, reorg. 1850, Zettelbank), die Vereinsbank ebenda (f. Juli 1871), die Augsburger Bank (f. Sept. 1871, Act.=Cap. 3½ Mill. fl. ſüdd. Währ.); — in Sachſen, die ſächſiſche Bank zu Dresden (ſeit 1865, Act.=Cap. 5 Mill. Thlr.), die Leipziger Bank (f. 1839, Act.=Cap. 3 Mill. Thlr.), die Chemnitzer Stadtbank (f. 1848), die landſtändiſche Bank in Bautzen (f. 1845) und der Leipziger Kaſſenverein, alle 5 Zettelbanken; die allgemeine deutſche Creditanſtalt (f. 1856, Act.= Cap. 20 Mill. Thlr.) und die Vereinsbank (f. Nov. 1871, Act.=Cap. 7 Mill. Thlr.), beide in Leipzig; die Ober=Lauſitzer Bank zu Zittau (f. Oct. 1871, Act.=Cap. 1 Mill. Thlr.); — in Württemberg, die königliche Hofbank (f. 1802), die württemb. No= tenbank (f. Sept. 1871, Act.=Cap. 5,250,000 fl. ſ. W.), die württemberg. Vereinsbank (f. 1869, Act.=Cap. 2 Mill. fl. ſübb. Währ.), die württemb. Depoſitenbank (f. 1868, Act.=Cap. 1½ Mill. fl. ſ. W.), die Stuttgarter Bank (f. Nov. 1871, Act.=Cap. 6 Mill. Thlr.), der württemb. Creditverein, der Capitaliſten=Verein und die allgemeine Renten= anſtalt, alle in Stuttgart; — in Baden, die badiſche Bank in Mannheim (f. 1870, Act.=Cap. 10½ Mill. fl. ſ. W., Zettelbank), die rheiniſche Creditbank (f. 1870, Act.= Cap. 10½ Mill. fl.) a. der pfälz. Bankverein (f. Nov. 1871, Act.=C. 4 Mill. Thlr.) ebenda; — in Heſſen, die Bank für Süddeutſchland (f. 1855, Act.=Cap. 20 Mill. fl. ſ. W., Zettelbank) und die Bank für Handel und Induſtrie (f. 1853, Act.=Cap. 15½ Mill. fl.), beide in Darmſtadt; — in den übrigen Bundesſtaaten, die herzogl. Landesbank in Altenburg, die Banken (Zettelbanken) in Weimar (f. 1853, Act.= Cap. 5 Mill. Thlr.), Meiningen (mitteldeutſche Creditbank, f. 1856, Act.=Cap. 8 Mill. Thlr., 6 Mill. Thlr. in Umlauf), Gotha (f. 1856, Act.=Cap. 4 Mill. Thlr.), Son= dershauſen (thüring. Bank, f. 1856, Act.=Cap. 2 Mill. Thaler), Gera (f. 1855, Act.= Cap. 4 Mill. Thlr.), Roſtock (f. 1850, Act.=Cap. 2 Mill. Thaler), Oldenburg (olden= burg. Landesbank, f. Dec. 1868, Act.=Cap. ½ Mill. Thlr.), Braunſchweig (f. 1853, Act.=Cap. 3½ Mill. Thlr), Deſſau (Landesbank, f. 1847, Act.=Cap. 1 Mill. Thlr.), Bückeburg (niederſächſiſche Bank, f. 1857, emitt. Act.=Cap. 2 Mill. Thlr.), Lübeck (Lübecker Privatbank, f. 1856, Act.=Cap. 1 Mill. Mark Cour., — Lübecker Commerz= bank, f. 1859, Act.=Cap. 2 Mill. Mark Cour.) und Bremen (ſeit 1856, Act.=Cap. 5 Mill. Thlr. Gold); die norddeutſche und die Vereinsbank in Hamburg (erſtere Zettel= bank, beide ſeit 1856 und jede mit einem Act.=Cap. von 20 Mill. Mark Banko, bei letzterer 4 Mill. Mark eingezahlt), ebenda die internationale Bank (f. 1870, Act.=Cap. 15 Mill. Thlr., ½ emittirt), die Commerz= und Discontobank (f. 1870, Act.=Cap. 20 Mill. Mark Banko, ½ emittirt) u. die anglo=deutſche Bank (f. Oct. 1871, A.=C

15 Mill. Thlr., ¼ emitt.); die deutsche Nationalbank in Bremen (s. Nov. 1871, A.=C. 15 Mill. Thlr., ½ emitt.), die Lübecker Bank (s. Dec. 1871, A.=C. 2 Mill. Thlr.), die Creditanstalten zu Koburg (s. 1856, Act.=Cap. 10 Mill. Thlr., 600,000 Thlr. im Umlaufe), Braunschweig (s. Aug. 1871, A.=C. 10 Mill. Thlr.) und Dessau (s. 1856, A.=C. 600,000 Thlr.), die Rostocker Vereinsbank (s. Nov. 1871, A.=C. 2 Mill. Thlr., emitt. 1 Mill. Thlr.), die herzogl. Leihhausanstalt in Braunschweig (s. 1765, 1867 re= formirt, giebt unverzinsliche Kassenscheine aus), die Spar= und Leihbank in Oldenburg, der Vorschuß= und Sparverein in Lübeck, die Depositenbank in Bremen, der Bankverein in Bremerhaven, die Banken in Straßburg und Mühlhausen (Elsaß).

Post= und Telegraphenwesen. Das Postwesen und das Telegraphenwesen sollen (nach den Bestimmungen der Reichsverfassung) für das gesammte Gebiet des deutschen Reichs als einheitliche Staatsverkehrs=Anstalten eingerichtet sein; dem Reiche ausschließlich kommt die Post= und Telegraphen=Gesetzgebung zu. Dem Kaiser gehört die obere Leitung der Post= und Telegraphen=Verwaltung an. Die Einnahmen des Post= und Telegraphenwesens sind für das ganze Reich gemeinschaftlich; die Ausgaben werden aus den gemeinschaftlichen Einnahmen bestritten; die Ueberschüsse fließen in die Reichskasse. Bayern und Württemberg jedoch haben an diesen zur Reichskasse fließen= den Einnahmen keinen Theil; diese beiden Staaten besitzen die selbständige Verwaltung des Post= und Telegraphenwesens und die freie Verfügung rücksichtlich des internen und des eigenen unmittelbaren Verkehrs mit ihren dem Reiche nicht angehörenden Nachbarstaaten. — Mit der Oesterreich=Ungarischen Monarchie und Luxemburg ist das Deutsche Reich durch die Postverträge vom 23. Nov. 1867 und den Telegraphen=Ver= trag vom 25. Oct. 1868 (welcher auch für die Niederlande gilt) geeinigt. Auch gelten für das Reich die Bestimmungen des internationalen Telegraphen=Vertrags vom 21. Juli 1868. — Die Länge der Staats=Telegraphenlinien (ohne Elsaß=Lothringen) beträgt:

in Nord=Deutschland (incl. Hessen, am 1. Jan. 1871)	3265,9 geogr. Meilen.
in Bayern (am 1. Jan. 1870)	771,0 „
in Württemberg (am 1. Juli 1870)	287,3 „
in Baden (am 31. Dec. 1870)	233,0 „
Summe...	4557,2 „

Handels= und Schiffahrts=Verträge. Die Handels= und Schiffahrts= Verträge, welche das Deutsche Reich (beziehlich der deutsche Zollverein) in der neuesten Zeit abschloß, sind folgende: mit Paraguay vom 1. August 1860, mit China vom 2. Sept. 1861, mit Chile vom 1. Febr. 1862, mit Siam vom 7. Febr. 1862, mit der Türkei (Handelsvertrag) vom 20. März 1862, mit Frankreich vom 2. Aug. 1862 (Schiffahrtsvertrag) und 10. Mai 1871 (Friedensvertrag, rücksichtl. des Handelsver= kehrs), mit Belgien vom 28. März 1863 (Schiffahrtsvertrag) und 22. Mai 1865 (Handelsvertrag), mit Großbritannien vom 30. Mai 1865 (Handelsvertrag) u. 16. Aug. 1865 (Schiffahrtsvertrag), mit Italien vom 31. Dec. 1865 (Handelsvertrag) und 14. Oct. 1867 (Schiffahrtsvertrag), mit Liberia vom 31. Oct. 1867, mit der Oester= reichisch=Ungarischen Monarchie (vom 9. März 1868), mit Spanien vom 30. März 1868, mit Japan vom 20. Febr. 1869, mit der Schweiz vom 13. Mai 1869 (Han= dels= und Zollvertrag) und mit Mexiko vom 28. Aug. 1869. — Der unter dem 24. Jan. 1857 zwischen den Zollvereins=Staaten einerseits, Oesterreich=Ungarn und Liechtenstein andererseits abgeschlossene Münzvertrag ist in Bezug auf die Oester= reichisch=Ungarische Monarchie und Liechtenstein mit dem Ablaufe des Jahres 1867 (zufolge Vertrags vom 13. Juni 1867) außer Wirksamkeit getreten.

Unterrichtsanstalten.

Volksschulen. Das Deutsche Reich (ohne Elsaß=Lothringen) besitzt 55,534 Volksschulen, in welchen etwa 5⁷⁄₁₀ Mill. Schüler unterrichtet werden. Es entfällt auf 1000 Einwohner ungefähr eine Schüleranzahl von 150. Dieses durchschnittliche Verhältniß wird in Braunschweig, Anhalt, Oldenburg, Sachsen und Thüringen be= trächtlich überschritten (auf 1000 Einwohner 175—160 Schüler), in Mecklenburg (auf

1000 Einwohner 121 Schüler) und Bayern (auf 1000 Einwohner 126 Schüler) dagegen bei Weitem nicht erreicht. — Der Bestand der Volksschulen und Schullehrer-
Seminarien ist folgender:

	Volksschulen.	Zahl der Schüler.	Schullehrer-Semi-narien (1870).
Preußen mit Lauenburg (Ende 1864, ohne die sogen. mittleren Privatschulen)[1]	34,070	3,650,000	128
Bayern (Ende 1865—66)	8197	604,916	11[2]
Sachsen (1866)	2100	400,229	12
Württemberg (1865)	2204	230,757	3
Baden (1868)	1826	200,000	3
Uebrige Staaten (ohne Elsaß-Lothringen — 1867, approximativ)	7137	600,000	33
Summe .	55,534	5,685,902	190

Der Volksschul-Unterricht ist obligatorisch; das schulpflichtige Alter währt vom 6.
bis zum 14. (in Anhalt für Knaben bis zum vollendeten 15.) Lebensjahre. In Preußen
und anderen Staaten bestehen neben den eigentlichen Volksschulen auch Sonntags- oder
Wiederholungsschulen (Fortbildungsanstalten), deren Besuch in Bayern, Württemberg
und Baden für Jene, welche keinen anderen Unterricht genießen, ebenfalls obligatorisch ist.

Gymnasien und Realschulen. Der Bestand dieser Lehranstalten (Anzahl der
Schulen u. der Schüler incl. der Schüler in den Vorclassen) war im Jahre 1870 folgender[3]:

Bundesstaaten.	Gymnasien.	Real-Gymnasien.	Progymna-sien u. La-teinschulen.	Real- u. höh. Bürgerschulen. Anzahl.	Darunt. mit Gym-nasien, Progymn. u. Lateinsch. ver-bunden:	Gesammt-zahl der Schüler.
Preußen mit Lauenburg	209	3	73	246	48	118,500
Bayern	28	6	50[4]	34[5]	1	11,729
Sachsen	17	—	1	17	8	6594
Württemberg	16[6]	—	75[7]	81	46	9000
Baden	13[8]	3	3[9]	30	3	6560
Hessen	6	—	1	11	2	4000
Thüringische Staaten . . .	12[10]	1	4	15	5[10]	5174
Mecklenburg	9	—	2	11	4	4055
Oldenburg	4	—	1	10	2	1635
Braunschweig	5	1	—	2	—	1773
Anhalt	4	—	1	4	3	1692
Uebrige Staat.(ohne Elsaß-Lothringen)	7	—	3	24	5	6667
Summe .	330	14	214	185	127	177,379

Universitäten. Das Deutsche Reich besitzt 20 Universitäten; mit Ausnahme
der Akademie in Münster (mit 2 Facultäten: der katholisch-theologischen und der philo-
sophischen), begreift jede 4 Facultäten — die theologische, juristische, medicinische und
philosophische — die erstere ist in Breslau, Bonn und Tübingen gedoppelt, nämlich
katholisch und evangelisch, in München, Würzburg und Freiburg blos katholisch, an den
anderen Universitäten evangelisch. In München, Würzburg und Tübingen besteht
außerdem eine staatswirthschaftliche, in Tübingen eine naturwissenschaftliche Facultät.
— Die Zahl der Lehrenden und Studirenden an den einzelnen Universitäten betrug
im Winter-Semester 1869/70:

	Lehrende.	Studirende.		Lehrende.	Studirende.
Berlin (Preußen)	175	3714	Breslau (Preußen)	98	900
Leipzig (Sachsen)	135	1585	Halle (Preußen)	87	836
München (Bayern)	118	1321	Tübingen (Württemberg) . .	79	753
Bonn (Preußen)	106	949	Göttingen (Preußen)	114	748

1) Die Zahlen der Volksschulen u. Schüler in den alten Provinzen nach den amtlichen Angaben, in den neuen
Provinzen und in Lauenburg approximativ berechnet. — 2) Hiezu kommen 36 Präparanden-Schulen als Vorberei-
tungsanstalten. — 3) Auf Grund der Daten in Mushacke's Schulkalender. Berlin 1871. —
4) Isolirte Lateinschulen. — 5) 33 Gewerbschulen u. 1 Realschule. — 6) 7 Gymnasien, 4 niedere evang.-
theolog. Seminare, 4 Lyceen u. 1 Pädagogium. — 7) Lateinschulen. — 8) 7 Lyceen u. 6 Gymnasien. — 9) Bä-
dagogien. — 10) Ohne die beiden Privat-Real- und Gymnasialschulen in Jena.

	Lehrende.	Studirende.
Heidelberg (Baden)	113	711
Würzburg (Bayern)	66	635
Königsberg (Preußen) ..	74	492
Münster (Preußen)	28	461
Greifswald (Preußen) ...	55	404
Jena (Thüringen)	65	401
Marburg (Preußen)	63	390

	Lehrende.	Studirende.
Erlangen (Bayern)	50	374
Gießen (Hessen)	56	307
Freiburg (Baden)	49	250
Kiel (Preußen)	59	167
Rostock (Mecklenburg) ...	36	160
Summe ..	1624	15,557

Polytechnische Schulen. Solche giebt es im Gebiete des Deutschen Reichs 10, nämlich die Bau-Akademie und die Gewerbe-Akademie in Berlin (erstere seit 1824, 1849 reorgan. mit 2 Lehrgängen, letztere seit 1821, reorg. durch das Statut vom 1. Nov. 1871 mit 4 Abtheilungen für Maschinen- und Ingenieurwesen, Chemie, Hüttenkunde, Schiffsbau), die polytechnische Schule zu Hannover (seit 1831, mit einer Vor- und einer Hauptschule), die polytechnische Schule in Aachen (eröffnet am 10. Oct. 1870, mit einer allgemeinen wissenschaftlichen Schule und 4 Fachschulen für Ingenieurwissenschaft, mechanische Technik, Architectur und chemische Technik und Hüttenkunde), die polytechnische Schule in München (reorgan. durch die kgl. Verordnung vom 12. April 1868, mit 5 Abtheilungen: der allgemeinen, der Ingenieur-, der Hochbau-, der mechanisch-technischen und der chemisch-technischen Schule), die polytechnische Schule in Dresden (reorgan. unt. 31. Jan. 1865, mit einem allgemeinen Cursus, 4 Fachschulen: der mechanisch-technischen, der Ingenieur-, der chemisch-technischen Schule und der Abtheilung für Lehrer der Mathematik, Naturwissenschaften und Technik, ferner mit einer Abtheilung für Modelliren und Zeichnen und einem Cursus für Zoll- und Steuerbeamte), die polytechnische Schule in Stuttgart (reorgan. durch Minist.-Verfüg. v. 18. Juli 1870, mit einer untern mathematischen Abtheilung und 6 Fachschulen: für Architectur, Ingenieurwesen, Maschinenbau, chemische Technik, Mathematik und Naturwissenschaften, allgemein bildende Fächer), die polytechnische Schule in Karlsruhe (reorgan. mit großherz. Entschl. vom 20. Jan. 1865, mit 7 Abtheilungen: einer mathematischen, einer Ingenieur-, einer Maschinenbau- und mechanisch-technischen, einer Bau-, einer chemischen und chemisch-technischen, einer Forst- und einer landwirthschaftlichen Schule), die polytechnische Schule in Darmstadt (reorgan. mit großh. Verordnung vom 3. Jan. 1868, mit 6 Abtheilungen: der allgemeinen, der Bau-, der Ingenieur-, der Maschinenbau-, der chemisch-technischen und der landwirthschaftlichen Schule), die polytechnische Schule in Braunschweig (Collegium Carolinum, 1861 reorgan., mit 8 Fachschulen: für den Maschinenbau, für das Bau- und Ingenieurfach, für das Hütten- und Salinenfach, für die chemische Technik, für die Pharmacie, für die Forstwirthschaft, für die Landwirthschaft, für das Eisenbahn- und Postfach). — Die Zahl der Lehrenden und Studirenden (incl. Hospitanten) an diesen Unterrichtsanstalten beträgt:

	Lehrende.	Studirende.
Berlin { Bau-Akademie (1869/70)	29	612
Berlin { Gewerbe-Akademie ⸱ ⸱	30	600
München (Winter 1871/72) ..	47	805
Stuttgart (1869/70) ...	56	580
Karlsruhe ⸱ ⸱	41	550
Dresden ⸱ ⸱	33	443

	Lehrende.	Studirende.
Hannover (1869/70)	31	384
Aachen (12. Nov. 1870) . .	33	201
Darmstadt (1870/71)	30	167
Braunschweig (Sommer 1871)	30	86
Summe ..	360	4428

Fach- und Special-Lehranstalten. Als solche bestehen: 1) für Theologie und Philosophie, das Lyceum Hosianum (mit katholisch-theologischer und philosophischer Facultät) in Braunsberg und das Seminarium Theodorianum (kathol.-theolog. und philosoph. Lehranstalt) in Paderborn (Preußen); die 8 Lyceen in Bayern, von welchen 5 (zu Freising, Passau, Regensburg, Bamberg, Dillingen) in eine philosophische und eine theologische Section zerfallen, 3 dagegen (zu Aschaffenburg, Augsburg und Speyer) nur die erstere begreifen; die katholischen Priester-Seminarien in Pelplin, Gnesen, Posen, Trier, Hildesheim, Fulda und Limburg (Preußen), in München, Freising, Passau, Regensburg, Bamberg, Eichstädt, Würzburg und Dillingen (Bayern)[1],

---

1) Von den bayerischen Clerikal- oder Priester-Seminarien ist nur jenes zu Eichstädt gleichzeitig Lehranstalt, die anderen sind Erziehungsanstalten.

in Rottenburg (Württemberg), Freiburg (Baden), Straßburg und Metz (Elsaß-Lothringen) und in Mainz (Hessen); die evangelischen Prediger-Seminarien zu Wittenberg, Hannover, Loccum und Herborn (Preußen), München (Bayern), Friedberg (Hessen) und Wolfenbüttel (Braunschweig); das theologische Seminar der Herrnhuter in Gnadenfeld (Preuß.-Schlesien); das jüdisch-theologische Seminar in Breslau. 2) Für Medicin und Chirurgie, Hebammenkunst, Pharmacie und Thierheilkunde, das medicinisch-naturwissenschaftliche Institut in Frankfurt a/M., das anatomisch-chirurgische Collegium in Braunschweig und die anatomische Lehranstalt in Hamburg; die 45 Hebammenschulen (29 in Preußen und 16 in den anderen Bundesstaaten); die 6 pharmaceutischen Lehranstalten (1 in Hamburg, 5 Privatinstitute in Preußen); die Thierarzneischulen in Berlin, Hannover, München, Dresden und Stuttgart. 3) Für Gewerbe, Handel und Nautik, in Preußen die Handels-Lehranstalten in Berlin, Breslau, Danzig, Koblenz, Frankfurt a/M., Hannover und anderen Orten, die höheren Gewerbschulen zu Kassel, Barmen, Frankfurt a/M. und Hildesheim, die Provinzial-Gewerbschulen (1870 26 an der Zahl — 1871 umgestaltet, mit 2 unteren Classen und einer obern oder Fachclasse, die wieder aus 4 Abtheilungen besteht: Vorbereitungsschule für eine höhere technische Lehranstalt, Abtheilung für Bauhandwerker, Abtheilung für mechanisch-technische Gewerbe, Abtheilung für chemisch-technische Gewerbe), die 8 Kunst- und Baugewerkschulen, die Weberschulen in Elberfeld, Mühlheim a. d. Rh. und Krefeld, die k. Musterzeichnenschule in Berlin, die 13 Navigations-Schulen, die Gewerbe-Zeichnenschulen u.; — in Bayern, die Industrieschulen in München, Nürnberg und Augsburg (technische Mittelschulen, organ. 1868), die 33 Gewerbschulen (reorgan. 1870 — mit 5 sind Handelsschulen verbunden), die gewerblichen Fortbildungsschulen, die Handels- und die Kunstgewerbe-Schulen in München und Nürnberg und die Baugewerkschulen in München und Würzburg; — in Sachsen, die höhere Gewerb- und die Werkmeisterschule in Chemnitz, die Techniken zu Frankenberg und Mittweida, die 5 Baugewerkenschulen, die 4 Schifferschulen, die 15 höheren und niederen Handelsschulen, die niederen Gewerbeschulen u.; — in Württemberg, die Baugewerkenschule in Stuttgart, die Webschulen in Reutlingen und Heidenheim, die 7 Handelsschulen und die (1868) 135 gewerblichen Fortbildungsschulen; — in Baden, die 48 Gewerbschulen (1869 — reorgan. 1868); — in Hessen, die Kunst-Industrieschule in Offenbach, die 3 Handels- und 54 Handwerkerschulen; in Thüringen, die Baugewerkenschulen in Weimar, Saalfeld, Koburg u. Gotha, die Bauschule in Schleiz, die kaufmännische Hochschule in Gera, die Handelsschulen zu Weimar, Gotha, Altenburg und Gera, die Gewerbschulen u.; — in Mecklenburg, das Handelsinstitut in Rostock, die 2 Navigationsschulen (mit 2 Vorbereitungsschulen), die niederen Gewerbschulen; — in Oldenburg, die Gewerbschule in der Hauptstadt und die Navigationsschule zu Elsfleth; — in Braunschweig, die kaufmännische und die landwirthschaftlich-technische Lehranstalt in der Hauptstadt, die Baugewerkschule zu Holzminden und die Gewerbschule zu Blankenburg; — in Anhalt, die Handwerker-Fortbildungsschulen in Dessau und Zerbst; — in den Hansestädten, die Handels-Akademieen in Hamburg und Lübeck, die Handelsschulen in Lübeck und Bremen, die 4 Navigations- und die niederen Gewerbschulen. 4) Für Land- und Forstwirthschaft, in Preußen die landwirthschaftlichen Akademieen zu Eldena, Proskau, Poppelsdorf und Göttingen-Weende, die landwirthschaftliche Lehranstalt in Hofgeismar bei Wiesbaden und die beiden mit den Universitäten Berlin und Halle in Verbindung stehenden landwirthschaftlichen Institute, die höheren Forstlehranstalten zu Neustadt-Eberswalde und Münden, das Jagdlehrinstitut zu Berlin, die 4 Forst-, die vielen Ackerbau- und landwirthschaftlichen Fortbildungsschulen und verschiedene landwirthschaftliche Specialschulen; — in Bayern, die landwirthschaftliche Centralschule zu Weihenstephan, die Central-Forstlehranstalt zu Aschaffenburg, die 14 landwirthschaftlichen und Ackerbauschulen (3 mit Gewerbschulen verbunden) u.; — in Sachsen, das mit der Leipziger Universität verbundene landwirthschaftliche Institut, die Forst-Akademie zu Tharandt und die landwirthschaftliche Abtheilung an der Realschule zu Döbeln; — in Württemberg, die land- und forstwirthschaftliche Akademie in Hohenheim, die 4 Ackerbau-, die 855 landwirthschaftl. Fortbildungsschulen (1869) ꝛc.; — in Baden, die 5 land-wirthschaftlichen Schulen (nebst 11 Winterschulen); — in Hessen, das landwirthschaft-liche und das Forst-Institut an der Universität Gießen, die landwirthschaftl. Lehranstalt zu Worms, die Ackerbauschule zu Michelstadt und viele Fortbildungsschulen; — in den übrigen Bundesstaaten, die mit der Universität Jena vereinigte landwirthschaftliche Lehr-anstalt, die Forstlehranstalt in Eisenach und 15 niedere landwirthschaftliche Schulen.

5) Für Bergbau und Hüttenwesen, die Berg-Akademieen zu Berlin, Klausthal (Preußen) und Freiberg (Sachsen), die 14 Bergschulen (10 in Preußen, 1 — Steiger-schule — zu Amberg in Bayern, 2 in Sachsen und 1 zu Lobenstein in Reuß. 6) Für Künste, die Kunst-Akademieen in Berlin, Königsberg, Düsseldorf, Kassel, München, Dresden und Leipzig, die Kunstschulen in Frankfurt a/M., Stuttgart, Karlsruhe und Weimar, die Zeichnungs-Akademie in Hanau, die Hochschule für Musik und die Sing-Akademie in Berlin, die Musik-Conservatorien in München, Leipzig und Stuttgart, die Musikschule in Frankfurt a/M., das Gesang-Conservatorium in Koburg ꝛc. 7) Für militärische Ausbildung, die Kriegs-Akademieen in Berlin und München, die Kriegsschulen in Potsdam, Erfurt, Neiße, Engers, Kassel, Hannover, Anclam (Preußen), Metz (Lothringen), München (Bayern) und Ludwigsburg (Württemberg), die vereinigte Artillerie- und Ingenieur-Schule in Berlin, die Artillerie- und Genieschule in Mün-chen, das preußische, das bayerische und das sächsische Cadetten-Corps, die Unteroffizier-Schulen in Potsdam, Jülich, Bieberich, Weißenfels (Preußen) und Ettlingen (Baden); das medicinisch-chirurgische Friedrichs-Wilhelms-Institut, die medicinisch-chirurgische Militär-Akademie und die Militär-Roßarztschule in Berlin; die Infanterie-Militär-Schießschule in Spandau, die Artillerie-Schießschule und die Oberfeuerwerkerschule in Berlin, das Militär-Reitinstitut zu Hannover, die Militär-Reitanstalt in Dresden und die Equitations-Schule in München; die Central-Turnanstalt in Berlin; die Marine-schule, die Deckoffiziers-Schule und die Marine-Unteroffizier-Schule in Kiel.

Kirchenwesen.

Evangelische Kirche. Die Verfassung der evangelischen Kirche beruht in den Staaten des Deutschen Reichs auf verschiedenen Grundsätzen. Das Synodal-System im vollkommenen Maße ist in Bayern, Sachsen, Württemberg, Baden, Hessen, Olden-burg und Braunschweig eingeführt, für S.-Weimar, S.-Meiningen und S.-Koburg-Gotha in Aussicht gestellt. Der preußische Staat besitzt wol Kreis- und Provinzial-Synoden, entbehrt aber einer allgemeinen Vertretung der gesammten Landeskirche, die mit der Ausübung der Kirchengewalt ausgestattet wäre. In allen diesen Staaten, in Elsaß-Lothringen, Waldeck-Pyrmont und den Hansestädten besteht die Presbyterial-Ver-fassung. In Reuß j. L. soll in liturgischen Sachen keine Neuerung ohne Zustimmung einer Synodal-Versammlung gepflogen werden und in S.-Altenburg treten in bestimmten Fällen geistliche Synoden zusammen. Dagegen beruht in allen anderen Bundesstaaten die evangelische Kirchenverfassung auf dem reinen Consistorial-Systeme.

Als die oberste Kirchenbehörde fungirt in der preußischen Monarchie der evangelische Oberkirchenrath zu Berlin, welchem als geistliche Oberbehörden für die Provinzen Consistorien, denen die General-Superintendenten beigeordnet sind, unterstehen. Con-sistorien sind errichtet zu Berlin für die Prov. Brandenburg, zu Stettin für die Prov. Pommern, zu Magdeburg für die Prov. Sachsen, zu Breslau für die Prov. Schlesien, zu Posen für die Prov. Posen, zu Königsberg für die Prov. Preußen, zu Münster für die Prov. Westfalen, zu Koblenz für die Rheinprovinz, zu Marburg für den Reg.-Bezirk Kassel, zu Wiesbaden für den Reg.-Bezirk Wiesbaden, zu Hannover für die Prov. Hannover und zu Kiel für die Prov. Schleswig-Holstein. Den Consistorien sind die Superinten-denten (Decane und Metropolitane in der Provinz Hessen-Nassau, Kirchenpröpste in der Prov. Schleswig-Holstein) als die Vorsteher der Kirchenkreise oder Diöcesen unter-geordnet. Für das Herzogthum Lauenburg besteht ein selbständiges Consistorium in der Stadt Ratzeburg.

Was die übrigen Bundesstaaten betrifft, so sind in Bayern das Ober=Consi=storium in München (mit 2 Consistorien) und das pfälzische Consistorium in Speyer, in Baden, M.=Schwerin und Oldenburg der Oberkirchenrath, in Hessen und Elsaß=Lothringen das Ober=Consistorium, in S.=Weimar und Schw.=Sonders=hausen der Kirchenrath, in S.=Meiningen, S.=Altenburg, Schw.=Rudolstadt und Reuß j. L. die Ministerial=Abtheilung für Kirchen= und Schulsachen, in S.=Koburg=Gotha das Staatsministerium, in jeder der Hansestädte eine Se=nats=Commission mit dem geistlichen Ministerium, in jedem der übrigen Bundes=staaten das Consistorium mit der obersten Leitung der kirchlichen Angelegenheiten betraut. — Die höheren Geistlichen sind die General=Superintendenten, Superinten=denten und Decane.

Die Gesammtzahl der evangelischen Geistlichen im ganzen Gebiete des deutschen Reichs beträgt ungefähr 16,000.

Römisch=katholische Kirche. Für die katholischen Glaubensgenossen im Deutschen Reiche sind die oberen Kirchenbehörden: 5 Erzbisthümer (Köln und Gnesen=Posen in Preußen, München=Freising und Bamberg in Bayern und Freiburg in Baden), 20 Bisthümer (Trier, Münster, Paderborn, Kulm, Ermland, Breslau, Hildesheim, Osnabrück, Fulda und Limburg in Preußen, Augsburg, Passau, Regens=burg, Würzburg, Eichstädt und Speyer in Bayern, Rottenburg in Württemberg, Straß=burg und Metz in Elsaß=Lothringen und Mainz in Hessen) und 3 apostolische Bica=riate (das Dresdener für Sachsen, neben welchem das Domstift St. Petri in Bautzen als Consistorial=Behörde für die sächs. Ober=Lausitz fungirt, das für Anhalt und das der nordischen Missionen). Diesen unterstehen die Erzpriester und Decane. — Es giebt in sämmtlichen deutschen Bundesstaaten (doch ohne Elsaß=Lothringen) ca. 17,200 römisch=katholische Seelsorger, 703 Klöster (251 in Preußen, 450 in Süd=Deutschland und 2 in Sachsen) mit etwa 2500 Mönchen und 9100 Nonnen.

Reichsverfassung.

Die Verfassung des Deutschen Reichs ist die bundesstaatliche. Sie trat am 1. Jan. 1871 in Wirksamkeit, ist aber jetzt durch die revidirte Verfassungs=Urkunde vom 16. April 1871 ersetzt. [1]

Der durch diese Verfassung begründete Bund zwischen den auf S. 53 aufgeführten Staaten, welcher den Namen „Deutsches Reich" führt, ist als ein ewiger (d. i. un=auflöslicher) erklärt; er bezweckt den Schutz des Bundesgebiets und des innerhalb des=selben giltigen Rechts und die Pflege der Wohlfahrt des deutschen Volks. Innerhalb des Bundesgebiets übt das Reich das Recht der Gesetzgebung aus; auch besteht für dasselbe ein gemeinsames Indigenat, mit der Wirkung, daß der Angehörige eines jeden Bundesstaats in jedem andern Bundesstaate als Inländer behandelt und demgemäß zum festen Wohnsitze, zum Gewerbebetriebe, zu öffentlichen Aemtern, zur Erwerbung von Grundstücken, zur Erlangung des Staatsbürgerrechts und zum Genusse aller sonstigen bürgerlichen Rechte unter denselben Voraussetzungen, wie der Einheimische, zugelassen wird. Dem Auslande gegenüber haben alle Deutschen gleichmäßig Anspruch auf den Schutz des Reichs.

Der Beaufsichtigung und der Gesetzgebung des Reichs unterliegen (nach der oben erwähnten Verfassungs=Urkunde) die nachstehenden Angelegenheiten: 1) die Be=stimmungen über Freizügigkeit, über Heimats= und Niederlassungs=Verhältnisse (mit Ausnahme jener in Bayern), über Staatsbürgerrecht, Paßwesen und Fremdenpolizei und über den Gewerbebetrieb, einschließlich des Versicherungswesens, über die Colonisation und über die Auswanderung nach außerdeutschen Ländern; 2) die Zoll= und Handelsgesetz=gebung und die für Reichszwecke zu verwendenden Steuern (vgl. S. 71); 3) die Ord=

1) In Elsaß=Lothringen tritt die Verfassung des Deutschen Reichs am 1. Januar 1873 in Wirksamkeit; durch Verordnung des Kaisers mit Zustimmung des Bundesraths können einzelne Theile derselben schon früher einge=führt werden, was auch bereits (wie hinsichtlich der Zoll=, Handels=, Post= und Telegraphensachen) geschehen ist.

nung des Maß=, Münz= und Gewichtssystems, nebst Feststellung der Grundsätze über die Emission von fundirtem und unfundirtem Papiergeld; 4) die allgemeinen Bestimmungen über das Bankwesen; 5) die Erfindungspatente; 6) der Schutz des geistigen Eigenthums; 7) die Organisation eines gemeinsamen Schutzes des deutschen Handels im Auslande, der deutschen Schiffahrt und ihrer Flagge zur See und Anordnung gemeinsamer consularischer Vertretung, welche vom Reiche ausgestattet wird; 8) das Eisenbahnwesen (einschließlich der Controle über die Tarife — unter gewissen Beschränkungen in Bayern) und die Herstellung von Land= und Wasserstraßen im Interesse der Landesvertheidigung und des allgemeinen Verkehrs; 9) der Flößerei= und Schiffahrtsbetrieb auf den mehreren Staaten gemeinsamen Wasserstraßen und der Zustand der letzteren, sowie die Fluß= und sonstigen Wasserzölle; 10) das Post= und Telegraphenwesen (in Bayern und Württemberg unter bestimmten Beschränkungen, vgl. S. 77); 11) die Bestimmungen über die wechselseitige Vollstreckung von Erkenntnissen in Civilsachen und Erledigung von Requisitionen überhaupt, sowie 12) über die Beglaubigung von öffentlichen Urkunden; 13) die gemeinsame Gesetzgebung über das Obligationen=, Straf=, Handels= und Wechselrecht und das gerichtliche Verfahren; 14) das Militärwesen des Reichs und die Kriegsmarine; 15) die Maßregeln der Medicinal= und Veterinär=Polizei; 16) die Bestimmungen über die Presse und das Vereinswesen.

Die Reichsgesetzgebung wird ausgeübt durch den **Bundesrath** und den **Reichstag.** Das Präsidium des Bundes steht dem Könige von Preußen zu, welcher den Namen „**Deutscher Kaiser**" führt [1]).

Der **Kaiser** hat das Reich völkerrechtlich zu vertreten, im Namen desselben Krieg zu erklären und Frieden zu schließen, Bündnisse und andere Verträge mit fremden Staaten einzugehen, Gesandte zu beglaubigen und zu empfangen; doch ist zur Kriegserklärung die Zustimmung des Bundesraths erforderlich, es sei denn, daß ein Angriff auf das Bundesgebiet oder dessen Küsten erfolgt. Der Kaiser führt den Oberbefehl über das Reichsheer und die Kriegsmarine. Ihm steht es zu, den Bundesrath und den Reichstag zu berufen, zu eröffnen, zu vertagen und zu schließen. Bundesrath und Reichstag treten alljährlich zusammen; ersterer kann wol ohne den letzteren, letzterer aber nicht ohne den erstern berufen werden. Die Berufung des Bundesraths muß erfolgen, sobald sie von einem Drittel der Stimmenzahl verlangt wird. Dem Kaiser steht die Ausfertigung und Verkündigung der Reichsgesetze und die Ueberwachung der Ausführung derselben zu. Die Anordnungen und Verfügungen des Kaisers werden im Namen des Reichs erlassen und bedürfen zu ihrer Giltigkeit der Gegenzeichnung des verantwortlichen Reichskanzlers. Der Kaiser ernennt und entläßt die Reichsbeamten; er stellt die Consuln an, er beaufsichtigt das gesammte Consulatswesen des Reichs, die Post= und Telegraphenverwaltung.

Der **Bundesrath** besteht aus den Vertretern der Mitglieder des Bundes, die in demselben 58 Stimmen führen; hievon entfallen 17 Stimmen auf Preußen (mit Lauenburg), 6 auf Bayern, je 4 auf Sachsen und Württemberg, je 3 auf Baden und Hessen, je 2 auf Mecklenburg=Schwerin u. Braunschweig, je 1 auf S.=Weimar, Mecklenburg=Strelitz, Oldenburg, S.=Meiningen, S.=Altenburg, S.=Koburg-Gotha, Anhalt, Schw.=Rudolstadt, Schw.=Sondershausen, Waldeck, Reuß ä. L., Reuß j. L., Schaumb.=Lippe, Lippe, Lübeck, Bremen und Hamburg. Jedes Bundes=Mitglied kann so viel Bevollmächtigte zum Bundesrathe ernennen, wie es Stimmen hat; doch kann die Gesammtheit der zuständigen Stimmen nur einheitlich abgegeben werden. Der Vorsitz im Bundesrathe und die Leitung der Geschäfte steht dem vom Kaiser ernannten **Reichskanzler** zu, der sich durch jedes andere Mitglied des Bundesraths vertreten lassen kann. — Der Bundesrath beschließt: a) über die dem Reichstage im Namen des Kaisers zu machenden Vorlagen und die von demselben gefaßten Beschlüsse; b) über die zur Aus=

---

1) Die Annahme der deutschen Kaiserwürde durch den König von Preußen erfolgte am 18. Jan. 1871. Die Titulatur dieses Monarchen ist nunmehr: „Deutscher Kaiser und König von Preußen", das Prädicat „kaiserliche und königliche Majestät." — Zufolge a. h. Erlasses v. 3. Aug. 1871 besteht das kaiserliche Wappen in einem schwarzen, einföpfigen Adler, im Brustschilde mit dem preußischen Adler belegt, über demselben die Krone Karls des Großen; die kaiserl. Standarte enthält im Purpurgrunde das eiserne Kreuz, belegt mit dem kaiserl. Wappen in weißem Felde.

führung der Reichsgesetze erforderlichen allgemeinen Verwaltungsvorschriften und Ein=
richtungen; c) über Mängel, welche bei der Ausführung der Reichsgesetze oder der er=
wähnten Vorschriften und Einrichtungen hervortreten. Die Beschlußfassung erfolgt mit
einfacher Stimmenmehrheit; bei Stimmengleichheit giebt die Präsidialstimme den Aus=
schlag. Ebenso entscheidet die letztere bei Meinungsverschiedenheit rücksichtlich der Ge=
setzesvorschläge über das Militärwesen, die Kriegsmarine und die der Reichsgesetzgebung
unterworfenen Abgaben, so ferne sie sich für die Aufrechthaltung der bestehenden Ein=
richtungen ausspricht; auch gelten Vorschläge zu Verfassungs=Aenderungen als abgelehnt,
wenn sie 14 Stimmen gegen sich haben.

Der Bundesrath bildet — nach den Bestimmungen der Reichsverfassungs=Urkunde
— in jeder Session oder alljährlich aus seiner Mitte dauernde Ausschüsse 1) für das
Landheer und die Festungen, 2) für das Seewesen, 3) für Zoll= und Steuerwesen,
4) für Handel und Verkehr, 5) für Eisenbahnen, Post= und Telegraphenwesen, 6) für
Justizwesen, 7) für Rechnungswesen, 8) für die auswärtigen Angelegenheiten. Der
letztgenannte wird aus den Bevollmächtigten Bayern's, Sachsen's und Württemberg's und
2, vom Bundesrathe alljährlich zu wählenden Bevollmächtigten anderer Bundesstaaten,
unter Vorsitz Bayern's, gebildet. In jedem der anderen Ausschüsse müssen, außer dem
Präsidium, mindestens 4 Bundesstaaten vertreten sein; in dem Ausschusse für das Land=
heer und die Festungen hat Bayern einen ständigen Sitz, die übrigen Mitglieder des=
selben, sowie die Mitglieder des Ausschusses für das Seewesen werden vom Kaiser er=
nannt, während die Mitglieder anderer Ausschüsse von dem Bundesrathe gewählt werden.
Seit der Vereinigung von Elsaß=Lothringen mit dem Reiche ist im Bundesrathe auch
ein „Ausschuß für elsaß=lothringische Angelegenheiten" gebildet. — Den Ausschüssen wer=
den die nöthigen Beamten zur Verfügung gestellt.

Die Vorlagen an den Reichstag werden in diesem durch Mitglieder des Bundes=
raths oder durch besondere, von letzterem zu ernennende Commissarien vertreten. Jedes
Mitglied des Bundesraths hat das Recht, im Reichstage zu erscheinen und muß da=
selbst auf Verlangen jederzeit gehört werden, um die Ansichten seiner Regierung zu ver=
treten. — Niemand kann gleichzeitig Mitglied des Bundesraths und des Reichstags sein.

Der Reichstag geht aus allgemeinen und directen Wahlen mit geheimer Ab=
stimmung hervor, welche nach Maßgabe des Wahlgesetzes vom 31. Mai 1869 erfolgen.
Nach diesem Wahlgesetze ist jeder Deutsche in dem Bundesstaate, wo er seinen Wohnsitz
hat, Wähler, sofern er das 25. Lebensjahr zurückgelegt hat. Für Personen des Sol=
datenstandes des Heeres und der Marine ruht die Berechtigung zum Wählen so lange,
als dieselben sich bei der Fahne befinden. Ausgeschlossen von der Wahlberechtigung
sind: Personen, die unter Vormundschaft oder Curatel stehen, oder über deren Vermögen
der Concurs= oder Fallitzustand gerichtlich eröffnet worden ist, oder welche eine Armen=
unterstützung aus öffentlichen oder Gemeindemitteln beziehen, oder denen durch rechts=
kräftiges Erkenntniß der Vollgenuß der staatsbürgerlichen Rechte entzogen ist. Wählbar
zum Abgeordneten ist im ganzen Reichsgebiete jeder Deutsche, welcher das 25. Lebens=
jahr zurückgelegt und einem zum Reiche gehörigen Staate seit mindestens einem Jahre
angehört hat, soferne er nicht von der Wahlberechtigung ausgeschlossen ist. Auf durch=
schnittlich 100,000 Seelen wird ein Abgeordneter gewählt; doch sendet ein Bundesstaat,
dessen Bevölkerung diese Ziffer nicht erreicht, ebenfalls einen Abgeordneten. Der Reichs=
tag zählt derzeit 382 Mitglieder, nämlich 235 aus Preußen, 1 aus Lauenburg, 48
aus Bayern, 23 aus Sachsen, 17 aus Württemberg, 14 aus Baden, 9 aus Hessen,
6 aus Mecklenburg=Schwerin, je 3 aus S.=Weimar, Oldenburg, Braunschweig und
Hamburg, je 2 aus S.=Meiningen, S.=Koburg=Gotha und Anhalt, je 1 aus Mecklen=
burg=Strelitz, S.=Altenburg, Schw.=Rudolstadt, Schw.=Sondershausen, Waldeck=Pyrmont,
Reuß ä. L., Reuß j. L., Schaumburg=Lippe, Lippe, Lübeck, Bremen. — Die Verhand=
lungen des Reichstags sind öffentlich. Die Legislatur=Periode dauert 3 Jahre; zur
Auflösung des Reichstags während derselben ist ein Beschluß des Bundesraths unter
Zustimmung des Kaisers erforderlich. Im Falle der Auflösung müssen innerhalb eines
Zeitraums von 60 Tagen nach derselben die Wähler und innerhalb eines Zeitraums

von 90 Tagen der Reichstag versammelt werden. Ohne Zustimmung des Reichstags darf die Vertagung desselben die Frist von 30 Tagen nicht übersteigen und während derselben Session nicht wiederholt werden. Der Reichstag erwählt seinen Präsidenten, seine Vice=Präsidenten und Schriftführer; er beschließt nach absoluter Stimmenmehrheit. Seine Mit= glieder dürfen als solche keine Besoldung oder Entschädigung beziehen; sie genießen in Aus= übung ihres Berufes die Unverantwortlichkeit und die übliche constitutionelle Immunität.

Zu einem Reichsgesetze ist die Uebereinstimmung der Mehrheitsbeschlüsse des Bundesraths und des Reichstags erforderlich und ausreichend (vergl. oben beim „Bun= desrath"). Auch Veränderungen der Verfassung erfolgen im Wege der Ge= setzgebung; diejenigen Vorschriften der Reichsverfassung aber, durch welche bestimmte Rechte einzelner Bundesstaaten in deren Verhältniß zur Gesammtheit festgestellt sind, können nur mit Zustimmung des berechtigten Bundesstaats abgeändert werden.

Wenn Bundesglieder ihre verfassungsmäßigen Bundespflichten nicht erfüllen, so können sie dazu im Wege der Execution angehalten werden, welche vom Bundesrathe beschlossen und vom Kaiser vollstreckt wird. — Streitigkeiten zwischen verschie= denen Bundesstaaten, sofern dieselben nicht privatrechtlicher Natur und daher von den competenten Gerichtsbehörden zu entscheiden sind, werden auf Anrufen des einen Theils von dem Bundesrathe erledigt. Verfassungsstreitigkeiten in solchen Bundesstaaten, in deren Verfassung nicht eine Behörde zur Entscheidung derselben bestimmt ist, hat auf Ansuchen eines Theiles der Bundesrath gütlich auszugleichen, oder, wenn das nicht gelingt, im Wege der Reichsgesetzgebung zur Erledigung zu bringen. Der Bundesrath kann auch Beschwerden über verweigerte oder gehemmte Rechtspflege annehmen, worauf er die gerichtliche Hilfe bei den betreffenden Bundesregierung bewirkt.

Für strafbare Unternehmungen gegen das Deutsche Reich, welche als Hoch= oder Landesverrath anzusehen sind, ist das hansestädtische Ober=Appellations= gericht in Lübeck die zuständige Spruchbehörde in erster und letzter Instanz.

Verfassung der einzelnen Bundesstaaten.

Staatsform und Staatsoberhaupt. Mit Ausnahme der drei Hansestädte, welche demokratische Republiken sind, besitzen alle anderen Bundesstaaten die eingeschränkt= monarchische Staatsform, die beiden mecklenburgischen Großherzogthümer mit altstän= dischen Einrichtungen. Es wird somit in den monarchischen Bundesstaaten die Staatsgewalt vom Monarchen (König, Großherzog, Herzog, Fürst) ausgeübt, der aber in dem Gesetzgebungsrechte durch die entscheidende Mitwirkung der Volksvertretung oder der Landstände eingeschränkt ist. — Im Reichslande Elsaß=Lothringen übt, zufolge Gesetzes vom 9. Juni 1871, der deutsche Kaiser die Staatsgewalt aus; bis zum Ein= tritte der Wirksamkeit der Reichsverfassung ist derselbe bei Ausübung der Gesetzgebung an die Zustimmung des Bundesraths und bei der Aufnahme von Anleihen oder Ueber= nahme von Garantien für Elsaß und Lothringen, durch welche irgend eine Belastung des Reichs herbeigeführt wird, auch an die Zustimmung des Reichstags gebunden. Nach Einführung der Reichsverfassung steht, bis zu anderweitiger Regelung durch ein Reichs= gesetz, das Recht der Gesetzgebung auch in den der Reichsgesetzgebung in den Bundes= staaten nicht unterliegenden Angelegenheiten dem Reiche zu. — Der Thron ist erblich nach dem Rechte der Erstgeburt und der Lineal=Succession entweder im männlichen Stamme und nach dessen Erlöschen im weiblichen Stamme der regierenden Familie (also nach der sogen. gemischten Successions=Ordnung), wie in Preußen, Bayern, Sachsen, Württemberg, Baden, Hessen, Braunschweig, Schwarzburg, Waldeck und Schaum= burg=Lippe, oder im Mannsstamme (also nach der sogen. agnatischen Erbfolge= Ordnung), wie in Mecklenburg, den großherzogl. und herzogl. sächsischen Staaten, in Oldenburg, Anhalt, Reuß und Lippe. Lauenburg steht zu Preußen im Verhältnisse der Personal=Union. Die regierenden Dynastieen sind: Hohenzollern (in Preußen und Lauenburg), Wittelsbach (in Bayern), die albertinische und die ernestinische Linie des sächsischen Hauses (erstere im Königreiche Sachsen, letztere in den großherzogl. und herzogl. sächsischen Staaten), Württemberg, Zähringen (in Baden), Hessen, Mecklenburg=

7

Schwerin und Strelitz, Holstein=Gottorp jüngerer Linie (in Oldenburg), Braunschweig=Wolfenbüttel, Anhalt und die fürstlichen Häuser von Schwarzburg, Reuß, Waldeck, Lippe und Schaumburg=Lippe.

Die deutschen Bundesfürsten bekennen sich, mit Ausnahme der Könige von Bayern und Sachsen, welche der katholischen Confession angehören, zur protestantischen Kirche; sie werden großjährig mit dem zurückgelegten 18., in Mecklenburg mit dem vollendeten 19., in den sächsischen Herzogthümern, in Anhalt, Schw.=Rudolstadt, Reuß, Waldeck, Lippe und Schaumburg=Lippe mit dem vollendeten 21. Lebensjahre. Die Ritterorden, welche sie verleihen sind folgende: 1) in Preußen, 8 an der Zahl: der Orden vom schwarzen Adler, der Hausorden von Hohenzollern, der Johanniter=Orden, der Louisen=Orden (für Frauen und Jungfrauen), der rothe Adler=Orden, der kön. Kronen=Orden, der Orten pour le mérite, der Orden des eisernen Kreuzes (erneuert 1870); — 2) in Bayern, 8, der Ritterorden vom heil. Hubert, jener vom heil. Georg, der Militär=Max=Josephs=Orden, der Verdienst=Orden der bayrischen Krone, jener vom heil. Michael, der Maximilians=Orden für Wissenschaft und Kunst, der Ludwigs=Orden und der Militär=Verdienst=Orden; außerdem 2 von der Königin zu vergebende Damen=Orden, der heil. Elisabeth und der heil. Theresia; — 3) in Sachsen 5, der Hausorden der Rautenkrone, der Militär=St. Heinrichs=Orden, der Verdienst=Orden, der Albrechts=Orden, der Sidonien=Orden (für Frauen und Jungfrauen, seit 1871); — 4) in Württemberg, 4, der Orden der württemberg. Krone, der Militär=Verdienstorden, der Friedrichs=Orden, der Olga=Orden (für Männer, Frauen und Jungfrauen, seit 1871); — 5) in Baden, 3, der Hausorden der Treue, der militärische Karl=Friedrich=Verdienstorden, der Orden vom Zähringer Löwen; — 6) in Hessen, 2, der Ludwigs=Orden und der Verdienstorden Philipp des Großmüthigen; — 7) in beiden Mecklenburg der Hausorden der wendischen Krone; — 8) in Oldenburg, der Haus= und Verdienstorden des Herzogs Peter Friedrich Ludwig; — 9) in Sachsen=Weimar=Eisenach, der Hausorden der Wachsamkeit oder vom weißen Falken; — 10) in den sächsischen Herzogthümern, der herzogl. Sachsen=Ernestinische Hausorden; — 11) in Braunschweig, der Orden Heinrichs des Löwen; — 12) in Anhalt, der Hausorden Albrechts des Bären; — 13) in Schwarzburg, das fürstl. Ehrenkreuz; — 14) in Reuß, das fürstl. Ehrenkreuz; — 15) in Waldeck=Pyrmont, der fürstl. Verdienstorden; — 16) in den lippischen Staaten, das Ehrenkreuz des fürstl. lippischen Gesammthauses.

In den drei freien Hansestädten sind zur Ausübung der Staatsgewalt der Senat und die Bürgerschaft berufen. Der Senat, dessen Mitglieder auf Lebenszeit von der Bürgerschaft (in Lübeck von den Senatoren und Wahlbürgern) gewählt werden und das 30. Lebensjahr zurückgelegt haben müssen, ist der Inhaber der vollziehenden Gewalt. Doch nimmt er auch an der Ausübung der gesetzgebenden Gewalt, welche der Bürgerschaft zukommt, Antheil. An seiner Spitze stehen in Lübeck 1, in Bremen und Hamburg 2 Bürgermeister, die vom Senate selbst aus seiner Mitte (in Hamburg auf 1, in Lübeck auf 2, in Bremen auf 4 Jahre) berufen werden.

Volksvertretung (Landstände). In jedem der monarchischen Bundesstaaten besitzt die Volksvertretung (Ständeversammlung) das Recht des Beiraths und der Zustimmung zu den Gesetzen, sowie eine entscheidende Theilnahme an der Ausübung der Finanzgewalt. Der gegenwärtige Organismus derselben ist im Wesentlichen durch die nachfolgenden Zeilen charakterisirt.

In Preußen wird der Landtag von zwei Kammern gebildet, von denen die erste das Herrenhaus, die zweite das Haus der Abgeordneten genannt wird. Das Herrenhaus besteht aus den großjährigen Prinzen des königl. Hauses und aus Mitgliedern, die mit erblicher Berechtigung oder auf Lebenszeit vom Könige berufen werden. Erbliche Berechtigung genießen die Häupter der beiden fürstlichen Familien von Hohenzollern und der vormaligen deutschen reichsständischen Häuser, die mit Virilstimmen begabten oder an Collectivstimmen betheiligten Fürsten, Grafen und Herren der Provinzial=Landtage und jene Personen, welchen der König das erbliche Recht verleiht. Auf Lebenszeit werden berufen: Personen, die dem Könige von evangelischen Stiftern, von

den Verbänden der gräflichen Rittergutsbesitzer, gewisser durch ausgebreiteten Familien=
besitz ausgezeichneter Geschlechter, sowie des alten und befestigten Grundbesitzes, von
den Landesuniversitäten und von bestimmten Städten präsentirt werden, ferner die
Inhaber der vier großen Landesämter im Königreiche Preußen und endlich Personen,
welche der König aus besonderem Vertrauen auserfieht. Das Haus der Abgeord=
neten bildet sich ausschließlich aus den von den Staatsbürgern gewählten Repräsen=
tanten, deren Anzahl gegenwärtig 432 beträgt. (Verfassungs=Urkunde vom 31. Ja=
nuar 1850, später modificirt; Wahlgesetz vom 30. Mai 1849). — Im Herzogthume
Lauenburg ist die ständische Vertretung (die Ritter und Landschaft) aus dem Erb=
landmarschall, als Vorsitzenden, 2 lebenslänglichen Landräthen und aus 15 gewählten
Abgeordneten (je 5 von den Gutsbesitzern, von den Städten und von den bäuerlichen
Grundbesitzern) zusammengesetzt. (Patent vom 20. December 1853.)

In Bayern ist der Landtag in 2 Kammern abgetheilt. Die erste Kammer —
die Kammer der Reichsräthe genannt — besteht aus den volljährigen königlichen
Prinzen, den Kronbeamten, den Häuptern der ehemals reichsständischen fürstlichen und
gräflichen Familien, den beiden Erzbischöfen, einem vom Könige auf Lebenszeit ernannten
Bischof, dem Präsidenten des protestantischen Ober=Consistoriums und jenen Personen,
welche der König entweder wegen ihrer ausgezeichneten, dem Staate geleisteten Dienste,
oder wegen ihrer Geburt oder ihres Vermögens zu Mitgliedern dieser Kammer entweder
erblich oder lebenslänglich ernennt. Die zweite Kammer — die Kammer der
Abgeordneten — besteht aus Mitgliedern, welche von den Staatsbürgern, im
Verhältnisse von 1 Abgeordneten auf 31,500 Bewohner, gewählt werden; derzeit zählt
sie 154 Abgeordnete. (Verf.=Urkunde v. 26. Mai 1818, Gesetz vom 9. März 1828,
Wahlgesetz v. 4. Juni 1849.)

In Sachsen besteht die Ständeversammlung aus 2 Kammern. Die erste
Kammer wird gebildet von den volljährigen Prinzen des königl. Hauses, von drei
Besitzern von Standesherrschaften, 2 Vertretern der schönburgischen Receß= und Lehns=
herrschaften, 1 Abgeordneten der Universität, dem evang. Oberhofprediger, dem Decan
des Domstifts St. Petri in Bautzen, dem Superintendenten zu Leipzig, 2 Abgeordneten
der Stifter Meißen und Wurzen, 12 lebenslänglichen Abgeordneten der Besitzer von
Rittergütern und anderen größeren ländlichen Gütern, 10 auf Lebenszeit vom Könige
ernannten Rittergutsbesitzern, den ersten Magistratspersonen in 8 Städten und den vom
Könige nach freier Wahl auf Lebenszeit ernannten Mitgliedern. Die zweite Kam=
mer besteht aus 80 Abgeordneten, nämlich 35 Abgeordneten der Städte und 45 Ab=
geordneten der ländlichen Wahlkreise (Verf.=Urk. v. 4. Sept. 1831, später modificirt;
Wahlgesetz vom 3. Dec. 1868.)

In Württemberg theilen sich die Landstände in 2 Kammern. Die erste
Kammer oder die Kammer der Standesherren ist zusammengesetzt aus den
volljährigen königlichen Prinzen, den volljährigen Häuptern der fürstlichen und gräflichen
Familien und den Vertretern der standesherrlichen Gemeinschaften, auf deren Besitzungen
vormals eine Reichs= oder Kreistagsstimme geruht hat und aus den vom Könige erblich
oder auf Lebenszeit ernannten Mitgliedern. Die zweite Kammer oder die Kammer
der Abgeordneten ist gebildet aus 13 Abgeordneten des ritterschaftlichen Adels,
aus den 6 protestant. General=Superintendenten, dem Landesbischofe, einem Vertreter
des Domcapitels, dem amtsältesten katholischen Decan, dem Kanzler der Landes=
Universität und aus 70 Abgeordneten der größeren Städte (7) und Oberamts=Bezirke
(63). — (Verf.=Urkunde vom 25. September 1819, Verf.=Ges. und Wahl=Ges. vom
26. März 1868.)

Baden's Landstände theilen sich ebenfalls in 2 Kammern. Die erste Kam=
mer besteht aus den volljährigen Prinzen des großherzogl. Hauses, den volljährigen
Häuptern der standesherrlichen oder hoher adeligen Familien, dem Erzbischofe, einem
vom Großherzog auf Lebenszeit ernannten evangel. Prälaten, aus 8 Abgeordneten des
grundherrlichen Adels, 2 Abgeordneten der Universitäten und höchstens 8 sonstigen, vom
Großherzog ernannten Mitgliedern; die zweite Kammer aus 63 Abgeordneten der

Städte und Aemter. (Verf.=Urk. v. 22. Aug. 1818, später modificirt; Wahlordnung vom 23. Decbr. 1818, abgeändert unt. 16. April 1870.)

In Hessen ist von den beiden Kammern der Stände die erste Kammer aus den großherzogl. Prinzen, den Häuptern der standesherrlichen Familien, dem Senior der freiherrl. Familie von Riedesel, dem kathol. Landesbischofe oder seinem Stellvertreter, einem vom Großherzoge auf Lebenszeit ernannten protestant. Prälaten, dem Kanzler der Landes=Universität und aus höchstens 10 vom Großherzoge auf Lebenszeit berufenen ausgezeichneten Staatsbürgern, die zweite Kammer aus 6 Abgeordneten der adeligen Grundbesitzer und aus 45 Abgeordneten der Städte und anderen Gemeinden zusammen= gesetzt. — (Verf.=Urk. v. 17. Dec. 1820, Gesetz v. 6. Sept. 1856.)

Die zwei mecklenburgischen Staaten besitzen gemeinschaftliche Land= stände, welche aus der Ritterschaft und der Landschaft bestehen, nach den drei Kreisen, dem mecklenburgischen, wendischen und stargardischen, sich gliedern und auf den Land= tagen (in Sternberg und Malchin) und auf anderen Zusammenkünften sich versammeln. Zur Ritterschaft gehören alle eigenthümlichen Besitzer ritterschaftlicher Hauptgüter in diesen Kreisen, zur Landschaft 46 Städte, in denen die Magistrate und zwar die Bürgermeister das landstandschaftliche Recht ausüben. (Landesgrundgesetzl. Erbvergleich v. 18. April 1755 ꝛc.) — Das strelitzische Fürstenthum Ratzeburg hat durch die Verfassung v. 6. Nov. 1869 eine ständische Vertretung von 21 Mitgliedern erhalten.

Im Großherzogthume Oldenburg ist der Landtag in einer Kammer vereinigt, die aus 33 Abgeordneten der Wahlkreise zusammengesetzt ist; auf 10,000 Einwohner kommt 1 Abgeordneter. (Staatsgrundgesetz v. 22. Nov. 1852, Wahlgesetz vom 21. Juli 1868.)

Im Großherzogthume S.=Weimar=Eisenach besteht der Landtag aus 31 Ab= geordneten, nämlich 1 von der begüterten ehemaligen Reichsritterschaft, 4 von den Grundbesitzern mit wenigstens 1000 Thalern jährlicher Rente, 5 von jenen Unterthanen gewählt, die aus anderen Quellen, als dem Grundbesitze ein jährliches Einkommen von 1000 Thlr. beziehen, und 21 aus allgemeinen Wahlen hervorgehend. (Grundgesetz v. 15. Oct. 1850, Wahlgesetz v. 6. April 1852.)

In Sachsen=Meiningen begreift der Landtag 24 Abgeordnete, von welchen 2 vom Herzoge ernannt, 6 von den Besitzern größerer gebundener Güter, 8 von den Städten und 8 von den Landbewohnern gewählt werden. (Grundgesetz vom 23. Au= gust 1829, Wahlges. v. 25. Juni 1853 u. Ges. v. 23. April 1868.)

Sachsen=Koburg=Gotha besitzt einen gemeinschaftlichen Landtag für den ganzen Staat und zwei besondere Landtage, je einen für das Herzogthum Koburg und das Herzogthum Gotha. Der koburg'sche Landtag besteht aus 11, der gothaische aus 19 aus allgemeinen Wahlen hervorgehenden Abgeordneten. Der gemein= schaftliche Landtag wird aus 7 Mitgliedern des koburgischen und aus 14 Mitgliedern des gothaischen Landtags gebildet. (Staatsgrundgesetz v. 3. Mai 1852.)

Im Herzogthume Sachsen=Altenburg besteht der Landtag aus 30 Abgeordneten, nämlich aus 9 Abgeordneten der Höchstbesteuerten, 9 Abgeordneten der Städte und 12 Abgeordneten des platten Landes. (Grundges. vom 29. April 1831; Wahlgesetz v. 3. Aug. 1850, wiederhergestellt durch Ges. v. 31. Mai 1870.)

In Braunschweig besteht die Landesversammlung aus 46 Abgeordneten, von welchen 10 auf die Stadt= und 12 auf die Landgemeinden, 21 auf die Höchst= besteuerten (incl. der kath., reform. und jüd. Geistlichen) und 3 auf die evang.=luther. Geistlichen entfallen. (Landsch.=Ordnung v. 12. Oct. 1832, Ges. v. 22. Nov. 1851, Wahlgesetz v. 23. Nov. 1851, abgeändert unt. 3. August 1864.)

Im Herzogthume Anhalt wird der Landtag aus 36 Vertretern gebildet, näm= lich aus 12 Vertretern der Ritterschaft, 12 Vertretern der Städte (4 Bürgermeistern und 8 von den Gemeinderäthen gewählten Abgeordneten) und 12 Vertretern der Land= gemeinden (von den Schulzen gewählt). (Landsch. Ordn. v. 18. Juli und 31. Au= gust 1859, Gesetz v. 15. Juli 1871.)

In Schwarzburg=Rudolstadt besteht der Landtag aus 16 Abgeordneten, von welchen 4 von den Höchstbesteuerten gewählt werden und 12 aus allgemeinen

Wahlen hervorgehen. (Grundgeſ. v. 21. März 1854, Verf.= und Wahlgeſetz v. 16. No=
vember 1870.)

In Schwarzburg=Sondershauſen iſt der Landtag aus höchſtens 5 Mit=
gliedern, die vom Fürſten auf Lebenszeit ernannt werden, aus 5 Abgeordneten der
Höchſtbeſteuerten und aus 5 Abgeordneten aus allgemeinen Wahlen zuſammengeſetzt.
(Grundgeſ. v. 8. Juli 1857, Wahlgeſ. v. 14. Jan. 1856.)

Im Fürſtenthume Reuß älterer Linie beſteht der Landtag aus 12 Ab=
geordneten, von denen 3 vom Landesherrn, 2 von den Ritterguts= und großen Grund=
beſitzern, 3 von den Städten und 4 von den Landgemeinden gewählt werden. (Verfaſſ.=
Geſetz vom 28. März 1867, Wahlgeſetz vom 24. April 1867.)

Im Fürſtenthume Reuß jüngerer Linie wird der Landtag von dem fürſt=
lichen Beſitzer des Reuß=Köstritzer Paragium's, von 3 Abgeordneten der Höchſtbeſteuerten
und von 12 Abgeordneten der übrigen Wähler, alſo von 16 Mitgliedern gebildet.
(Grundgeſetz v. 14. April 1852, Geſ. v. 20. Juni 1856, 19. Juli 1867 und 18.
Juni 1868, Wahlgeſetz v. 17. Januar 1871.)

In Waldeck=Pyrmont beſteht der Landtag aus 15 Abgeordneten (12 aus
dem Fürſtenth. Waldeck und 3 aus dem Fürſtenth. Pyrmont), die aus allgemeinen
Wahlen hervorgehen. (Verf=Urk. v. 17. Aug. 1852 mit d. Geſ. v. 30. Jan. 1864;
Wahlgeſ. v. 17. Aug. 1852, modificirt unt. 2. Aug. 1855.)

Im Fürſtenth. Lippe theilt ſich der Landtag in zwei Curien, von denen die
erſte durch 7 Deputirte der Ritterſchaft, die zweite durch 7 Abgeordnete der Städte u.
durch 7 Abgeordnete der übrigen Grundbeſitzer gebildet wird. (Verf.=Urk. v. 6. Juli 1836.)

In Schaumburg=Lippe endlich erſcheinen auf dem Landtage 15 Vertreter, näm=
lich 2 vom Fürſten des Domanium's wegen ernannt, je 1 von den ritterſchaftl. Grund=
beſitzern, von den Predigern, von den eine amtliche Stellung einnehmenden Juriſten,
Medicinern u. ſtudirten Schulmännern, 3 von den Städten u. 7 von den Landgemein=
den gewählt. (Verf.=Geſ. v. 17. Nov. 1868.)

Hinſichtlich der Berufung der Abgeordneten finden in Sachſen, Württemberg,
Lauenburg, S.=Altenburg, Anhalt, Schw.=Rudolſtadt, Schw.=Sondershauſen, Reuß jüng.
Linie und Schaumburg=Lippe directe Wahlen ſtatt, die ſonſt nur in der Claſſe der
Rittergutsbeſitzer, der adeligen Grundbeſitzer und Höchſtbeſteuerten (in Braunſchweig
auch in der Claſſe der Geiſtlichen) Geltung haben. In allen anderen Staaten und
mit Ausnahme der eben genannten Claſſen werden die Abgeordneten auf indirecte
Weiſe, alſo durch Wahlmänner, gewählt. Zur Ausübung des activen Wahlrechts
iſt in Bayern und mehreren thüringiſchen Staaten die Großjährigkeit, ſonſt ein Alter
von 25 Jahren (dieſes auch für die Wahlmänner in Bayern), in Preußen das zurück=
gelegte 24. Lebensjahr erforderlich; die Abgeordneten müſſen 30 Jahre alt ſein (in
Oldenburg, Lauenburg, Reuß j. L. und die Rittergutsbeſitzer in Lippe nur 25 Jahre),
welches Alter (30 Jahre) in S.=Meiningen auch für die Wahlmänner vorgeſchrieben iſt.
Das Recht auf Sitz und Stimme in der I. Kammer iſt (abgeſehen von den königl.
Prinzen) entweder von der Volljährigkeit (wie in Bayern — um Sitz in der Kammer
zu haben — Sachſen, Württemberg, Baden) od. von der Erfüllung des 25. Lebensjahrs
(wie zur Ausübung des Stimmrechts in Bayern, für die Adels=Abgeordneten in Baden
und die geborenen Mitglieder in Heſſen) oder von der Vollendung des 30. Lebensjahrs
(wie in Preußen, Heſſen, für die gewählten Mitglieder in Sachſen) abhängig. Mit Aus=
nahme Preußen's, Württemberg's, Baden's (hier abgeſehen von den Abgeordneten des
grundherrlichen Adels) und Oldenburg's iſt für die Ausübung des activen und paſſiven
Wahlrechts ein Cenſus vorgeſchrieben. Die Mandatsdauer der Abgeordneten währt
in Preußen (II. Kammer), Oldenburg, S.=Weimar, S.=Altenburg, Schw.=Rudolſtadt,
Reuß j. Linie und Waldeck=Pyrmont 3, in Baden, S.=Koburg=Gotha und Schw.=Son=
dershauſen 4, in Bayern, Württemberg, Heſſen, Lauenburg, S.=Meiningen, Braun=
ſchweig, Anhalt, Reuß ä. L., Lippe u. Schaumburg=Lippe 6 Jahre; die Abgeordneten des
grundherrlichen Adels in Baden werden auf 8 Jahre gewählt; in Sachſen tritt alle 2

Jahre vor Beginn eines ordentlichen Landtags der dritte Theil der Abgeordneten zur II. Kammer aus; in Lippe werden die Abgeordneten der Ritterschaft zum jedes= maligen Landtage entsendet. In Preußen, Mecklenburg, Waldeck=Pyrmont und Schaum= burg=Lippe wird ordentlicher Weise der Landtag alle Jahre einberufen, in Sachsen, Ba= den und Lippe alle 2 Jahre, in S.=Koburg=Gotha im ersten und letzten, in Schw.= Sondershausen im zweiten und letzten Jahre der 4jährigen Legislatur= oder Finanz= periode, in Lauenburg, so oft es nothwendig ist, in allen übrigen Staaten alle 3 Jahre. Was die Volksvertretungen in den Hanseestädten anbelangt, so sind in Lübeck zur Wahl der Bürgerschaft, welche 120 Mitglieder zählt, alle Bürger gleich= mäßig berechtigt (Verfassungs=Urkunde v. 29. Dec. 1851). In Hamburg besteht die Bürgerschaft aus 192 Mitgliedern, von denen 84 aus allgemeinen directen Wahlen hervorgehen, 48 von den Eigenthümern größerer städtischer Grundstücke und 60 von den Gerichten, Deputationen und Collegien für die Verwaltung und den Aelterleuten der Gewerbe gewählt werden (Verf. v. 28. September 1860 und Wahlgesetz vom 11. Aug. 1859). In Bremen endlich begreift die Bürgerschaft 150 Mitglieder, nämlich 16 Vertreter jener Staatsbürger, die auf einer Universität eine gelehrte Bildung erworben haben, 48 Vertreter des Kaufmannsconvents und der Handelskammer, 24 Vertreter des Gewerbeconvents und der Gewerbekammer, 30 Vertreter der übrigen Staatsbürger in der Stadt Bremen, 10 Vertreter der Landwirthe und 22 Vertreter der Landbezirke (Verf. v. 21. Febr. 1854). — Die Wahl währt auf 6 Jahre.

Grundrechte und allgemeine Pflichten der Staatsbürger. In allen deutschen Bundesstaaten genießen die Staatsbürger Gleichheit vor dem Gesetze. Standes= vorrechte besitzen nur die Mitglieder der regierenden und der ehemals reichsunmittelbaren Häuser, sowie die Rittergutsbesitzer in Mecklenburg. Es ist die Glaubens= und Gewissensfreiheit anerkannt. Durch das Reichsgesetz vom 3. Juli 1869 wurden alle aus der Verschiedenheit des religiösen Bekenntnisses hergeleiteten Beschränkungen der bürgerlichen und staatsbürgerlichen Rechte aufgehoben; insbesondere soll die Befähigung zur Theilnahme an der Gemeinde= und Landesvertretung und zur Bekleidung öffentlicher Aemter vom religiösen Bekenntnisse unabhängig sein. Es besteht Freiheit und Sicherheit der Person und des Eigenthums, Preßfreiheit, freies Versammlungs= und Vereinsrecht u. s. w. — Alle Einwohner haben gleiche staatsbürgerliche Pflichten (Steuer= und Wehrpflicht).

Provinzial=, Bezirks= und Gemeindeverfassung. In der preußischen Monarchie bildet jede Provinz einen provinzialständischen Verband, dessen In= teressen durch Provinzial=Stände, die sich auf dem Provinzial=Land= tage versammeln, vertreten werden. Dieselben sind zusammengesetzt aus den Standesherren, den Vertretern der evangelischen Domstifter und den auf 6 Jahre gewählten Abgeordneten der Ritterschaft (in der Prov. Hannover der größeren Grund= besitzer), der Städte und des bäuerlichen Standes (für die alten Provinzen Gesetze vom 5. Juni und 1. Juli 1823 und 27. März 1824, für die Prov. Hannover kön. Ver= ordnung v. 22. Aug. 1867, für die Provinz Schleswig-Holstein kön. Verordn. vom 22. Sept. 1867). Nur die neugebildeten Regierungs=Bezirke Kassel und Wiesbaden, obschon sie durch den a. h. Erlaß v. 7. Dec. 1868 zur Provinz Hessen=Nassau ver= einigt wurden, besitzen keine provinzialständischen, sondern eine communalständische Ver= fassung mit Communal=Landtagen, welche aber die Rechte und Pflichten der Provinzial=Landtage in den anderen Landestheilen haben (kön. Verordn. vom 20. und 26. Sept. 1867). Der Communal=Landtag des Reg.=Bez. Kassel wird aus den Häup= tern zweier landgräfl. hessischen Linien und der Standesherrschaften, dem Senior der freiherrl. Familie Riedesel, einem Vertreter des Domänen=Fiscus, einem der ritterschaft= lichen Obervorsteher der Stifter Kauffungen und Wetter, einem Deputirten der Uni= versität Marburg, aus 6 Abgeordneten der Ritterschaft und aus je 16 Abgeordneten der Städte, der Landgemeinden und der höchstbesteuerten Grundbesitzer und Gewerb= treibenden gebildet; jener des Reg.=Bez. Wiesbaden aus 4 Standesherren, 2 Vertretern des großen Grundbesitzes und 22 Abgeordneten der Kreise, mit Ausschluß des Stadt=

kreiſes Frankfurt am Main, der vorderhand dem communalſtändiſchen Verbande nicht eingefügt iſt; die Wahlen geſchehen auf 6 Jahre. Communal=Landtage, jedoch mit beſchränkterem Wirkungskreiſe als der der beiden ebengenannten iſt, beſtehen auch in der Alt=, Kur= und Neumark, in der Nieder=Lauſitz, der Ober=Lauſitz, in Hinter= und Alt= Vorpommern und in Neu=Vorpommern. Andere Corporationen für die Wahrnehmung communaler Angelegenheiten ſind in der Provinz Hannover die Landſchaften (kön. Verordn. v. 22. Sept. 1867). — In den Kreiſen, in welche die Regierungs=Bezirke der preußiſchen Monarchie eingetheilt ſind, beſtehen Kreisſtände. In den älteren Provinzen erſcheinen auf den Kreistagen die Standesherren und Rittergutsbeſitzer und die Deputirten der Städte und Landgemeinden (Kreisordnungen von 1825, 1827 und 1828), in den Provinzen Hannover und Schleswig=Holſtein und im Reg.=Bez. Kaſſel die größeren Grundbeſitzer und die Abgeordneten der Städte und der Landgemeinden (kön. Verordn. v. 9., 12. und 22. Sept. 1867), im Reg.=Bez. Wiesbaden die Bezirks= räthe und die Beſitzer jener Güter, die mindeſtens 500 fl. f. W. Grundſteuer zahlen, eventuell die Beſitzer von umfangreichen Fabriketabliſſements, von Berg= und Hütten= werken (kön. Verordnung vom 26. Sept. 1867). Eine andere Kategorie unterer ter= ritorialer Vertretungen beſteht endlich in den weſtfäliſchen und hannöverſchen Amts= verſammlungen, den rheinländiſchen Bürgermeiſterei=Verſammlungen und den Bezirksräthen im Reg.=Bezirke Wiesbaden.

Bayern beſitzt in ſeinen Regierungs=Bezirken (Kreiſen) Landräthe und in den Verwaltungs=Diſtricten Diſtrictsräthe als Vertretungen der Kreis=, bezieh. Diſtricts= Gemeinden. Der Landrath iſt aus den Abgeordneten der Diſtricts=Gemeinden, der un= mittelbaren Städte, der größeren Grundbeſitzer, der Pfarrer und Univerſitäten zuſam= mengeſetzt, während im Diſtrictsrathe die größeren Grundbeſitzer und die Gemeinden repräſentirt ſind; die Wahlen in dieſem gelten auf 3, in jenem auf 6 Jahre (Geſetze vom 28. Mai 1852).

Im Königr. Sachſen beſtehen berathende Kreisſtände (in der Ober=Lauſitz Provinzial=Stände), in Württemberg Amtsverſammlungen, in welchen die Abgeordneten der Gemeinderäthe erſcheinen. In Baden ſind behufs der ſogen. Selbſt= verwaltung Kreisverbände eingeführt, die durch die Kreisverſammlung (gebildet aus den größten Grundbeſitzern, den Mitgliedern des Kreisausſchuſſes, den Vertretern der größeren Städte und ſonſtigen Abgeordneten) vertreten werden; doch können ſich inner= halb des Kreisverbandes engere Verbände — Bezirksverbände, mit Bezirksverſamm= lungen — bilden (Geſ. v. 5. Oct. 1863).

Von den übrigen Bundesſtaaten beſitzt Heſſen Bezirksräthe (Geſ. v. 10. Febr. 1853), Oldenburg Provinzialräthe (in den Fürſtenthümern Lübeck und Birkenfeld) und Amtsräthe (im Herzogthume), S.=Weimar, Schw.=Sondershauſen und Reuß j.L. Bezirks=Ausſchüſſe, S.=Meiningen Kreis=Ausſchüſſe (in ſeinen 4 durch das Geſ. v. 15. April 1868 gebildeten Kreisgemeinden), Braunſchweig und Anhalt Kreis= tage (in den Kreis=Communalverbänden, Kreisordnung v. 5. Juni 1871 für Braun= ſchweig, v. 18. Juli 1870 für Anhalt), Waldeck=Pyrmont Kreisvorſtände, Lippe Amts=Gemeinderäthe zur Vertretung und Wahrung der Intereſſen der betreffen= den Verwaltungs=Bezirke. Endlich ſind im bremiſchen Staate für die beiden Ge= biete am Weſer=Ufer Bezirks=Verſammlungen gebildet (Geſ. v. 19. Dec. 1870).

Was die Gemeindeverfaſſung anbelangt, ſo ſind in den deutſchen Bundes= ſtaaten, abgeſehen von den ritterſchaftlichen und übrigen Gütern der mecklenburgiſchen Großherzogthümer, wo den Gutsherrſchaften alle Rechte und Pflichten rückſichtlich jener Gegenſtände obliegen, welche ſonſt in das Gebiet der politiſchen Gemeindeverfaſſung fallen, die Stadt= wie die Landgemeinden zur ſelbſtändigen Verwaltung ihrer Ange= legenheiten berechtigt.

Als Gemeindevertretungen und als beſchließende und überwachende Organe ſind in den größeren Staaten beſtimmt: In der preußiſchen Monarchie u. zwar in den älteren Landestheilen derſelben, in der Prov. Schleswig=Holſtein und in dem Stadtkreiſe Frankfurt a/M.: die Stadtverordneten=Verſammlungen und auf dem Lande die Versammlungen der Gemeindeverordneten (im Rheinlande die Gemeinderäthe) oder die Gemeindeversammlungen (Gemeinde=Ordnungen v. 25. Juli 1845, 30. u. 31. Mai 1853 u. 19. März, 14. April u. 15. Mai 1856, schlesw.=holstein. Gem.=Ges. vom 22. Sept. 1867 u. 14. April 1869, Ges. für Frankfurt a. M. v. 25. März 1867 — die Verordneten werden auf 6 Jahre gewählt), in der Provinz Hannover die städtischen Bürgervorsteher=Collegien und die ländlichen Gemeinderäthe und Gemeindeversammlungen (Gem.=Ges. v. 24. Juni 1858 u. 28. April 1859 — 4= ob. 6jähr. Wahl), im Reg.= Bezirke Kassel die Stadträthe und die ländlichen Gemeinderäthe, die Gemeindeaus= schüsse (Gem.=Ordn. v. 23. Oct. 1834 — 5jähr. Wahl), im Reg.=Bez. Wiesbaden die Gemeinderäthe und Bürgerausschüsse (auf 3 Jahre gewählt) und die Gemeinde= versammlungen (Gem.=Ordn. v. 26. Juli 1854); — in Bayern: in den Landes= theilen diesseits des Rheins (Gem.=Ordn. v. 29. April 1869) die Collegien der Ge= meinde=Bevollmächtigten in den Städten (auf 9 Jahre gewählt), in den Landgemeinden die Gemeindeausschüsse (auf 6 Jahre gewählt) und die Gemeindeversammlungen, in der Pfalz (Gem.=Ordn. v. 29. April 1869) die Gemeinderäthe (auf 5 Jahre gewählt); — in Sachsen: die Stadtverordneten=Collegien (auf 3 Jahre gewählt — Städte=Ordn. v. 2. Febr. 1832, abgeänd. unterm 5. März 1870), in den Landgemeinden die Ge= meinderäthe (auf 6 Jahre gewählt) und in ganz kleinen Landgemeinden die vollen Ge= meindeversammlungen (Ges. v. 7. Nov. 1838 und 12. Juli 1864); — in Württem= berg: die Gemeinderäthe (auf 6 Jahre gewählt) und die Bürgerausschüsse (auf 2 Jahre gewählt — Edict v. 1. März 1822 und Ges. v. 6. Juli 1849); — in Ba= den: die Gemeinderäthe und die Bürgerausschüsse, an Stelle der letzteren in ganz kleinen Gemeinden die Gemeindeversammlungen (Gem.=Ordn. v. 31. Dec. 1831, Ges. v. 14. Mai 1870); — in Hessen: die Gemeinderäthe (Gem.=Ordn. v. 20. Juni 1821, Ges. v. 8. Jan. 1852). — Die Verwaltung der Gemeindeangelegenheiten wird besorgt: in den Städten entweder von einer collegialisch organisirten Behörde (Magistrat in Preußen und Bayern, Stadtrath in Sachsen), mit dem Bürgermeister an der Spitze, oder von diesem im Vereine mit den Gemeinderäthen (wie in der Prov. Hessen=Nassau, in der bayer. Pfalz, in Württemberg — wo die Bürgermeister „Schultheißen" ge= nannt werden — in Baden), oder von dem Bürgermeister und den Beigeordneten (in Hessen); — in den Landgemeinden von den Gemeindevorstehern (den Schulzen oder Dorfrichtern in den östlichen preuß. Provinzen, Bürgermeistern in Bayern) mit zuge= wiesenen Beigeordneten (den Schöppen in den östlichen preuß. Provinzen, den Ge= meinde=Aeltesten in Sachsen ꝛc.), oder von solchen Organen wie in den Städten (in der Prov. Hessen=Nassau, in der Pfalz, in Württemberg, Baden und Hessen). Die Bürgermeister, Gemeindevorsteher und Magistrats=Mitglieder werden entweder auf eine bestimmte Dauer von Jahren gewählt oder auf Lebenszeit ernannt. — Aehnliche Organe zur Wahrnehmung der Gemeindesachen bestehen auch in den anderen deutschen Bundes= staaten (Stadtverordneten=Versammlungen, Bürger= und Gemeinde=Ausschüsse, Gemeinde= räthe, Magistrate, Stadträthe, Gemeindevorstände ꝛc.). — In den hanseatischen Repu= bliken fallen die Gemeindeangelegenheiten der eigentlichen Freistädte in das Ressort von Senat und Bürgerschaft. In Preußen, Anhalt, Schwarzburg und Lippe ist die Bil= dung von Gutsbezirken gestattet.

Verhältniß des Staats zu den Religionsgesellschaften. Dieses be= ruht im Deutschen Reiche auf dem Principe der Religionsfreiheit. Der evangelischen und der römisch=katholischen Kirche, sowie jeder andern Religionsgesellschaft ist die selbständige Ordnung und Verwaltung ihrer Angelegenheiten zuerkannt.

Reichsverwaltung.

Zur obersten Verwaltung der dem Reiche vorbehaltenen Angelegenheiten sind, unter der unmittelbaren Leitung des Reichskanzlers, das kaiserl. Reichskanzler=Amt in Berlin (erricht. mit a. h. Erl. v. 12. Aug. 1867) und für die auswärtigen Ge= schäfte das kaiserl. auswärtige Amt (als welches seit 1. Jan. 1870 das k. preuß. Ministerium der auswärtigen Angelegenheiten fungirt) berufen. Für die Reichs=Militär=

und Marine=Verwaltung sind zur Zeit noch keine eigentlichen obersten Reichsbehörden gebildet, sondern das königl. preuß. Kriegs=Ministerium und das königl. preuß. Marine=Ministerium leiten die Verwaltung des Reichsheers und der kaiserl. Kriegs= marine. Auch der Bundesrath fungirt in gewissen Beziehungen als oberstes Re= gierungs=Collegium und ist ihm zu diesem Behufe, als ausführendes Organ, das Reichs= kanzler=Amt zugewiesen.

Im Reichskanzler=Amte sind für die Verwaltung des Post= und Telegraphenwesens 2 besondere Abtheilungen gebildet (a. h. Erl. v. 18. Dec. 1867), nämlich das kaiserl. General=Postamt und die kaiserl. General=Direction der Telegraphen; von ersterem dependiren die kaiserl. Ober=Postdirectionen (mit den Postämtern x.) und die drei kaiserl. Ober=Postämter in den Hansestädten, von letzterer die kaiserl. Tele= graphen=Directionen (mit den Telegraphen=Stationen).

Zum Ressort des Reichskanzlers gehören ferner folgende kaiserl. Behörden: die Reichs=Hauptkasse, der Reichs=Rechnungshof, die Reichs=Schuldencommission, die Normal= Eichungscommission, das Reichsamt für Heimatswesen (errichtet am 6. Juni 1870), alle mit dem Sitze in Berlin, und das Reichs=Oberhandelsgericht in Leipzig (errichtet am 12. Juni 1869, als oberster Gerichtshof in Handelssachen und als letzte Instanz für die Reichs=Consulargerichte).

Dem auswärtigen Amte unterstehen die Gesandtschaften und Consulate des Deut= schen Reichs.

Die Verwaltung der Zölle und Verbrauchssteuern wird, in Bezug auf die Einhaltung des gesetzlichen Verfahrens, durch Reichsbeamte überwacht, welche der Kaiser den Zoll= oder Steuerämtern und den Directivbehörden der einzelnen Staaten, nach Vernehmung des bundesräthlichen Ausschusses für Zoll= und Steuerwesen, bei= ordnet.

Staatsverwaltung in den einzelnen Bundesstaaten.

Staatsverwaltung in Preußen. In der preußischen Monarchie sind mit der Staatsverwaltung in der obersten Instanz folgende 9 königl. Ministerien, mit dem Sitze in Berlin, betraut: 1) Das Ministerium der auswärtigen Angelegen= heiten, neben welchem ein Ministerium des königlichen Hauses als Hofbehörde besteht. 2) Das Ministerium der Finanzen, mit 4 Abtheilungen, für Etats= und Kassen= wesen, Domänen und Forsten, indirecte Steuern, directe Steuern; von ihm dependiren die Seehandlung, die Hauptverwaltung der Staatsschulden, die General=Staatskasse, die General=Lotteriedirection, die Münze u. s. w. 3) Das Ministerium der geist= lichen, Unterrichts= und Medicinal=Angelegenheiten, von welchem die Commission für die Erforschung und Erhaltung der Kunstdenkmäler, die wissenschaftliche Deputation für das Medicinalwesen, die Hochschulen u. s. w. unmittelbar abhängen. 4) Das Ministerium für Handel, Gewerbe und öffentliche Arbeiten; von diesem ressortiren die Eisenbahn=Commissariate für die Privatbahnen u. die königl. Eisenbahndirectionen, die technische Baudeputation, die technische Deputation für Ge= werbe, die Oberbergämter zu Breslau, Halle, Dortmund, Bonn und Klausthal u. s. w. 5) Das Ministerium des Innern, welchem das Polizei=Präsidium in Berlin, die statistische Central=Commission und das statistische Bureau ebenda unmittelbar unter= geordnet sind. 6) Das Ministerium der Justiz. 7) Das Kriegs=Ministe= rium (mit den General=Commanden des Garde= und der Armeecorps, den Corps= Intendanturen für die militär=ökonomische Verwaltung, den General=Inspectionen der Artillerie, des Ingenieurcorps, des Militär=Erziehungs= und Bildungswesens x.). 8) Das Ministerium für die landwirthschaftlichen Angelegenheiten, zu dessen Ressort das Landes=Oekonomie=Collegium und das Revisions=Collegium für die Landesculturfachen gehören. 9) Das Marine=Ministerium, in dessen Competenz auch die Landesverwaltung des Jadegebiets fällt; ihm untersteht die Marine=Inten= dantur zu Berlin. — Der evangel. Oberkirchenrath zu Berlin und die Oberrechnungs= kammer zu Potsdam haben eine von den Ministerien unabhängige Stellung. — Sämmt=

liche Miniſter, bilden, unter dem Vorſitze des Miniſter-Präſidenten, das S t a a t s = M i n i = ſ t e r i u m, welchem, neben ſeinem berathenden Wirkungskreiſe, auch gewiſſe beſchließend= verfügende Befugniſſe übertragen ſind. Außerdem iſt als berathendes Collegium der S t a a t s r a t h eingeſetzt, aus welchem der Gerichtshof zur Entſcheidung der Competenz= conflicte hervorgeht.

Für die Verwaltung wird die Monarchie in 11 P r o v i n z e n und dieſe werden wieder in 34 R e g i e r u n g s = B e z i r k e (in der Prov. Hannover 6 Landdroſtei=Bezirke) eingetheilt, welche in K r e i ſ e zerfallen. Selbſtändige von der Provinzial=Eintheilung ausgenommene Territorien ſind der Regierungs=Bezirk der hohenzollern'ſchen Lande und das Jade=Gebiet.

Die Adminiſtration in den Provinzen wird in höherer Inſtanz von den O b e r = P r ä ſ i d i e n, jene in den Regierungs=Bezirken von den R e g i e r u n g e n wahrgenommen. Dem Ober=Präſidium iſt der O b e r = P r ä ſ i d e n t vorgeſetzt, deſſen Wirkungskreis die Verwaltung derjenigen Gegenſtände umfaßt, welche ſich auf die Geſammtheit der Provinz beziehen oder ſich über den Bereich einer Regierung hinaus erſtrecken; die Ober=Präſidenten haben ferner die Oberaufſicht auf die Verwaltung der Regierungen, der Provinzial= Steuerdirectionen und der General=Commiſſionen (zur Regulirung der gutsherrlichen und bäuerlichen Verhältniſſe), den Vorſitz und die Leitung der Geſchäfte in den Con= ſiſtorien, Provinzial=Schul= und Medicinal=Collegien und ſie ſind die Stellvertreter der oberſten Staatsbehörden in beſonderem Auftrage und bei außerordentlicher Veranlaſſung. Die Ober=Präſidenten ſind dem Staats=Miniſterium und jedem einzelnen Miniſter für deſſen Wirkungskreis untergeordnet. In der Regel iſt der Ober=Präſident der Provinz zugleich Präſident derjenigen Regierung, welche an ſeinem Wohnorte ihren Sitz hat. Von dem rheinländiſchen Ober=Präſidium dependirt in Militär=Angelegenheiten der ſonſt ſelbſtändige Regierungs=Bezirk der hohenzollern'ſchen Lande. —

Den einzelnen Regierungs=Bezirken ſind die R e g i e r u n g e n vorgeſetzt, deren Ge= ſchäftskreis ſich auf alle Gegenſtände der innern Landesverwaltung erſtreckt, welche von den verſchiedenen Miniſterien (mit Ausnahme des Juſtizminiſterium's) abhängen, inſoweit für dieſelben nicht andere Verwaltungsbehörden beſtimmt ſind, namentlich auf alle inneren Angelegenheiten, Kirchen= und Schulſachen, directe Steuern, Domänen und Forſten, in der Provinz Brandenburg und in Hohenzollern auch auf indirecte Steuern, in den Provin= zen Preußen und Rheinland, den Regierungs=Bezirken Frankfurt a. d. O., Wiesbaden und Sigmaringen auch auf jene Geſchäfte, die ſonſt den General=Commiſſionen zur Regulirung der gutsherrlichen und bäuerlichen Verhältniſſe übertragen ſind. In der Provinz Han= nover vertreten die 6 L a n d d r o ſ t e i e n (in Hannover, Hildesheim, Lüneburg, Stade, Osnabrück und Aurich) die Stelle der Regierungen in den anderen Provinzen; nur die Verwaltung der directen Steuern, Domänen und Forſten kommt ihnen nicht zu, ſondern wird von der königl. F i n a n z = D i r e c t i o n zu Hannover beſorgt (kön. Erl. v. 5. April 1869). — In jedem Kreiſe (in den hohenzollern'ſchen Landen Oberamts=Bezirke) ſteht an der Spitze der geſammten, in höherer Inſtanz von der Regierung reſſortirenden Verwaltung ein L a n d r a t h (Landrathsamt, in den hohenzollern'ſchen Landen O b e r = a m t m a n n und Oberamt), deſſen Aufſicht der ganze Kreis unterworfen iſt, mit Aus= nahme jener Städte, welche beſondere Kreiſe (Stadtkreiſe) bilden, in denen die S t a d t = b e h ö r d e n, oder eigene königl. P o l i z e i = P r ä ſ i d i e n oder P o l i z e i = D i r e c t i o n e n unmittelbar unter der Regierung die örtliche Verwaltung und Polizei beſorgen. In der Provinz Hannover iſt ein K r e i s h a u p t m a n n mit der Wahrnehmung der den ganzen Kreis betreffenden Geſchäfte beauftragt, während ſonſt die Functionen des Land= raths von den A m t s h a u p t m ä n n e r n der 101 Amtsbezirke, in welche die Kreiſe dieſer Provinz zerfallen, ausgeübt werden (königl. Verordn. v. 12. Sept. 1867). Ebenſo ſind im Reg.=Bezirke Wiesbaden u. zw. im Gebiete des vorm. Herzogthums Naſſau und des Amts Homburg die früheren Amtsbezirke (im Ganzen 29 an der Zahl) als engere Verwaltungsbezirke belaſſen worden, in welchen je ein A m t m a n n als Organ des Landraths fungirt und die Handhabung der Ortspolizei beauffichtigt (kön. Verordn. vom 22. Febr. 1867); ſolche Amtmänner ſind auch in früher großh. heſſ. Kreiſe Böhl und im früher bayer. Bezirke Orb, die beide zum Reg.-Bezirke Kassel gehörigen Kreisen zugelegt wurden, bestellt, während in der Provinz Schleswig-Holstein als Organe der Landräthe die Harbes- und Kirchspielvögte erscheinen (kön. Verordn. v. 22. Sept. 1867). Außer diesen sind in allen Landestheilen die Orts- und Polizeiobrig-keiten der Städte und des platten Landes (Magistrate und Bürgermeister in den Städten, Gutsherrschaften und Gemeindevorsteher auf dem Lande, Amtmänner in den westfälischen, Bürgermeister in den rheinländischen Landgemeinden) mit verschiedenen Geschäften örtlicher Administration beauftragt. — In Berlin besteht für die Localpolizei ein königl. Polizei-Präsidium, welches, nebst dem dasigen Magistrat, unmittelbar vom Ministerium des Innern dependirt. Abgesehen von diesen beiden geben wir in Folgen-dem eine Uebersicht über die Ober-Präsidien und über die von diesen unmittelbar ab-hängigen Behörden (mit Ausnahme der früher genannten Consistorien), sowie über die den Regierungen unterstehenden Landrathsämter (in der Provinz Hannover Kreishaupt-männer, in den hohenzollern'schen Landen Oberämter), königl. Polizei- und städtischen Behörden:

Provinz	Siß des Ober-Präsidiums	Siß der Regierungen	Siß des Prov. Schul-collegium's	Siß des Medicinal-Collegium's	Siß der Provinzial-Steuer-directionen	Siß der General-Commissionen			
Branden-burg	Potsdam	Potsdam	Berlin	Berlin	(Regierung)	Berlin	1	1	14
		Frankf.a.O.			(Regierung)	(Regierung)	—	1	16
Pommern	Stettin	Stettin	Stettin	Stettin	Stettin	Pr.-Star-gard	—	1	12
		Köslin					—	—	10
		Stralsund					—	—	4
Sachsen	Magde-burg	Magdeburg	Magde-burg	Magdeburg	Magdeburg	Merseburg	2	1	14
		Merseburg					1	1	16
		Erfurt					—	—	9
Schlesien	Breslau	Breslau	Breslau	Breslau	Breslau	Breslau	1	—	23
		Liegnitz					—	—	19
		Oppeln					—	—	16
Posen	Posen	Posen	Posen	Posen	Posen	Posen	1	—	17
		Bromberg					—	—	9
Preußen	Königsberg	Königsberg	Königsberg	Königsberg	Königs-berg	(Regierung)	1	1	19
		Gumbinnen				(Regierung)	—	·	16
		Danzig			Danzig	(Regierung)	2	1	7
		Marienwerd.				(Regierung)	—	—	13
Westfalen	Münster	Münster	Münster	Münster	Münster		—	1	10
		Minden					—	1	10
		Arnsberg					—	—	14
Rhein-provinz	Koblenz	Köln	Koblenz	Koblenz	Köln	(Regierung)	1	1	10
		Düsseldorf					1	2	15
		Koblenz					1	—	13
		Trier					1	—	12
		Aachen					·	1	10
Hessen-Nassau	Kassel	Kassel	Kassel	Kassel	Kassel	Kassel	1	1	22
		Wiesbaden				(Regierg.)	2	2	10
Hannover	Hannover	6 Landdro-steien	Hannover	Hannover	Hannover	Hannover	4	1	36
Schlesw.-Holstein	Kiel	Schleswig	Kiel	Kiel	Glückstadt	—	·	1	19
Hohenzollern'sche Lande	Sigmaring.	Koblenz	Koblenz	(Regierung)	(Regierung)		—	—	4

Die Verwaltung im Jade-Gebiete wird vom Admiralitäts-Commissariate in Oldenburg und unter diesem vom Amte in Jever besorgt. — Die untersten Behörden in Bezug auf das Finanzwesen sind die Zoll- und Steuerämter, für directe Steuern die Kreiskassen; in den Forst- und Baubezirken, in welche die Regierungs-Bezirke zer-fallen, sind Forst- und Bau-Inspectoren bestellt u. s. w. —

Die Rechtspflege wird in der preußischen Monarchie von folgenden Behörden wahrgenommen: 1) in den älteren Landestheilen, mit Ausnahme des Bezirks des rheini-schen Appellationsgerichtshofs in Köln: in der höchsten Instanz vom Ober-Tribunale in Berlin; in zweiter Instanz von 21 Appellationsgerichten, nämlich in Berlin („Kammergericht"), Frankfurt an der Oder, Stettin, Köslin, Greifswald, Magdeburg, Halberstadt, Naumburg, Breslau, Glogau, Ratibor, Königsberg („Tribunal"), Inster=burg, Marienwerder, Posen, Bromberg, Münster, Paderborn, Hamm, Arnsberg, Ehren=breitstein (Justizsenat); in erster Instanz von 80 Schwurgerichten, 243 Stadt= und Kreisgerichten (Collegialgerichten), mit denen Gerichtsdeputationen (Col=legialgerichte) und Gerichtscommissionen (Einzelgerichte) verbunden sind, für ge=wisse Geschäfte der freiwilligen Gerichtsbarkeit von „Dorfgerichten" und „Voluntärge=richten". 2) Im Bezirke des rheinischen Appellationsgerichtshofs in Köln: in höchster Instanz vom Ober=Tribunale in Berlin, in zweiter Instanz vom Appellations=Gerichtshofe in Köln, in erster Instanz von den 9 Landgerichten, bei denen die Assisen= oder Schwurgerichtshöfe gebildet werden, und von den 126 Friedens=gerichten. 3) In den im Jahre 1866 erworbenen Provinzen Hessen=Nassau, Han=nover und Schleswig=Holstein (mit Ausnahme Frankfurt's a/M.): in höchster Instanz vom Ober=Appellationsgerichte in Berlin (errieht. mit kön. Verordn. v. 27. Juni 1867); in zweiter Instanz von den Appellationsgerichten in Kassel, Wies=baden, Celle und Kiel; in erster Instanz von 26 collegialisch eingerichteten Kreisge=richten (in der Prov. Hannover von den „Obergerichten"), von den Schwurgerichts=höfen und von 300 Amtsgerichten (Einzelgerichten). Im Reg.=Bezirke Wiesbaden haben die Feldgerichte, Bürgermeister und Ortsgerichte eine bestimmte Mitwirkung in Rechtssachen. (Königl. Verordn. vom 26. Juni 1867.) 4) In Frankfurt a/M.: vom Ober=Tribunale in Berlin, vom Appellationsgerichte, vom Stadtgerichte, vom Schwurgerichtshofe, vom Stadtamte, vom Land=Justizamte und vom Rügegerichte. 5) Im Jadegebiete vom großherzogl. Ober=Appellationsgerichte in Oldenburg und vom Amte in Jever. — Außer diesen ordentlichen Gerichtsbehörden bestehen in der preuß. Monarchie verschiedene Special=Gerichte, wie der geheime Justizrath, der Gerichtshof für Staatsverbrechen (Kammergericht in Berlin), die Han=dels= und die Gewerbegerichte, die Militärgerichte (oberste Instanz, das General=Auditoriat) u. s. w.

Im Herzogthume Lauenburg ist mit der obersten Verwaltung der Minister für Lauenburg in Berlin betraut. Die leitende Landesbehörde ist die Regierung in Ratzeburg; unter dieser stehen für die Verwaltung (incl. directe Steuern) und Polizei die 4 landesherrlichen Aemter, die 3 städtischen Magistrate und die Gutsherr=schaften in den adeligen Gütern. Indirecte Abgaben fallen in das Ressort des Pro=vinzial=Steuerdirectors in Glückstadt. Justizbehörden sind: das Ober=Appellations=gericht in Berlin, das Appellationsgericht in Kiel und (als erste Instanzen) das Kreisgericht in Ratzeburg und 5 Amtsgerichte.

Staatsverwaltung in Bayern. Die Leitung der Staatsgeschäfte ist in oberster Linie unter 6 königl. Staatsministerien vertheilt (a. h. Entschl. v. 1. Dec. 1871), nämlich unter die Staatsministerien des königl. Hauses und des Aeußern, der Justiz, des Innern, der Kirchen= und Schulangelegenheiten, der Finanzen, des Kriegs, neben welchen noch ein Staatsrath theils berathend, theils entscheidend wirkt. Cen=tralstellen im Ressort der einzelnen Staatsministerien sind folgende: im Depar=tement des Aeußern die Generaldirection der königl. Verkehrsanstalten (mit 4 Abtheilungen: für den Bau, für den Betrieb der Eisenbahnen, des Canals und des Bodensee=Dampf=schiffahrt, für die Post, für die Telegraphen=Anstalt) und die General=Zolladministration, im Departement des Innern der Ober=Medicinalausschuß, das Ober=Bergamt, die oberste Baubehörde und die statistische Central=Commission mit dem statistischen Bureau, im Finanz=Departement der oberste Rechnungshof, die General=Bergwerks= und Salinen=Administration, die Staatsschulden=Tilgungscommission ꝛc., im Kriegsdepartement das General=Auditoriat ꝛc., alle mit dem Sitze in München.

Als Oberbehörde für die Verwaltung befindet sich in jedem der 8 Kreise oder Regierungs=Bezirke, in welche das Königreich eingetheilt wird, eine Regierung, welche in 2 Kammern, für das Innere und die Finanzen, zerfällt, und ein Kreisscholarchat, einen Kreis-Medicinalausschuß, eine Kreisbaubehörde und eine Kreiskasse zur Seite hat. Unter den Regierungen stehen für die innere und Polizeiverwaltung die Bezirksämter in den Verwaltungsdistricten, die Magistrate in den größeren, sogen. unmittelbaren Städten (neben welchen jedoch die Vorstände aller Gemeinden die Ortspolizei wahrzunehmen haben), die königl. Polizeidirection in München und das königl. Stadt-Commissariat (Districts-Polizeibehörde) in Nürnberg, für das Bauwesen die Baubehörden, für die Finanzgeschäfte die Rentämter, für die Forstsachen die Forstämter. Die Haupt- und Neben-Zollämter ressortiren von der General-Zollabministration. — Die Rechtspflege wird vom Ober-Appellationsgerichte in München (als Cassationshof und letzter Instanz), von 8 Appellationsgerichten in den einzelnen Kreisen, von den Bezirksgerichten (Collegialgerichten) und den Schwurgerichtshöfen (in jedem Kreise 1), von den Stadt- und Landgerichten (Einzelgerichten) und von einigen besonderen Gerichten ausgeübt. Ueber die Gliederung der Verwaltungs- und Justizbehörden in den einzelnen Kreisen folgende Tabelle:

Kreis.	Sitz der Regierung.	Bezirks-Aemter.	Unmittelb. Magistrate.	Sitz des Appellat.-Gerichte.	Bezirks-gerichte.	Schwur-gerichts-höfe.	Stadt- u. Land-gerichte.
Ober-Bayern	München	25	4	München	7	1	43
Nieder-Bayern	Landshut	21	3	Passau	5	1	34
Ober-Pfalz u. Regensburg	Regensburg	18	2	Amberg	4	1	34
Ober-Franken	Bayreuth	19	3	Bamberg	4	1	35
Mittel-Franken	Ansbach	17	9	Eichstädt	5	1	35
Unter-Franken u. Aschaffenburg	Würzburg	22	4	Aschaffenburg	5	1	43
Schwaben u. Neuburg . . .	Augsburg	19	8	Augsburg	4	1	35
Pfalz	Speyer	12	—	Zweibrücken	4	1	32
Summe . . .	8	153	33	8	36	8	291

Staatsverwaltung in Sachsen. In der sächsischen Monarchie sind die obersten Staatsbehörden: das Gesammt-Ministerium, welchem die Oberrechnungskammer unmittelbar untergeordnet ist, der Staatsrath und die 6 Ministerial-Departements in Dresden. Die letzteren sind: das Ministerium der Justiz; das Ministerium der Finanzen (auch für die öffentlichen Arbeiten und Verkehrsanstalten des Staats, für Berg- und Hüttenwesen), von welchem die Zoll- und Steuerdirection in Dresden für die indirecten Abgaben (mit den Zoll- und Steuerämtern), die 4 Kreissteuerräthe für die directen Steuern und den Stempel (mit den 23 Bezirks-Steuereinnahmen), die Forst-Verwaltungsämter, das Bergamt in Freiberg, die den Amtshauptleuten beigegebenen Chaussee- und Wasserbau-Inspectoren, die 12 Land- und Bezirks-Baumeister, die General-Directionen der Staatseisenbahnen zu Dresden u. s. w. dependiren; das Ministerium des Innern, welchem das statistische Bureau einverleibt ist und das Landes-Medicinalcollegium, die Commissionen für das Veterinärwesen und für die Brandversicherung, die technische Deputation (berathendes Collegium von Sachverständigen), die General-Commission für Ablösungen und Gemeinheitstheilungen, der Landesculturrath, alle in Dresden, die Kreisdirectionen rc., unmittelbar untergeordnet sind; das Kriegs-Ministerium (mit dem Ober-Kriegsgerichte); das Ministerium des Cultus und öffentlichen Unterrichts; das Ministerium der auswärtigen Angelegenheiten. Das Ministerium des königlichen Hauses ist eine Hofbehörde.

In jedem der vier Regierungs-Bezirke, in welche das Königreich Sachsen eingetheilt wird, befindet sich, als Mittelbehörde für die Verwaltungsangelegenheiten, eine Kreisdirection, bei welcher für evangel. Kirchen- und Schulsachen eine Kirchen- und Schuldeputation errichtet ist; für Medicinalsachen ist bei ihr ein Medicinalrath angestellt, in Angelegenheiten der directen Steuern wird der Kreis-Steuerrath beigezogen. Im Verhältnisse delegirter Mitglieder zu den Kreisdirectionen befinden sich die 14 Amtshauptleute, deren Geschäfte in den zum Bezirke der Kreisdirection zu Zwickau gehörigen schönburgischen Receßherrschaften die fürstliche und gräfliche schönburgische Gesammtkanzlei zu Glauchau besorgt. Unter Aufsicht der Amtshauptmänner stehen als Verwaltungs- und Polizeibehörden I. Instanz die 122 Gerichtsämter (115 königliche

und 7 ſchönburgiſche) und die Stadträthe in jenen Städten, in welchen die allge=
meine Städteordnung eingeführt iſt; nur die königliche Polizeidirection und der Stadt=
rath in Dresden, ſowie der Stadtrath mit dem Polizeiamte in Leipzig ſind der Kreis=
direction, beziehungsw. dem Miniſterium des Innern unmittelbar untergeordnet. Den
Gerichtsämtern ſind die Friedensrichter für den ganzen Bereich ihrer poli=
zeilichen und gemeindeobrigkeitlichen Amtsthätigkeit zur Seite geſtellt; ſonſt kommt die
Localpolizei auf dem platten Lande den Gutsherren zu. — Für die Rechtspflege
beſtehen als ordentliche Gerichtsbehörden: das Ober=Appellationsgericht in Dres=
den, als die höchſte Inſtanz; die 4 Appellationsgerichte als II. Inſtanz und in
gewiſſen Fällen als I. Inſtanz; die Geſchworenengerichte, die collegialiſch beſetzten
17 Bezirksgerichte (darunter 1 ſchönburg. in Glauchau) und die vorhin erwähnten
Gerichtsämter (Einzelgericht) als Behörden I. Inſtanz.

Die Gliederung der Verwaltungs= und Gerichtsbehörden in den Regierungs=Be=
zirken iſt aus folgender Ueberſicht zu entnehmen:

Regierungs-Bezirk.	Sitz der Kreis-direction.	Sitz des Appellations-Gerichts.	Amts-haupt-mann-ſchaften.	Bezirks-Gerichte.	Geſchwo-renen-Gerichte.	Gerichts-Aemter.	Selbſtän-dige Stadt-räthe.
Dresden . . .	Dresden	Dresden	4	4	1	27	23
Leipzig . . .	Leipzig	Leipzig	4	4	1	30	31
Zwickau . . .	Zwickau	Zwickau	5	6	3	45	47
Bautzen . . .	Bautzen	Bautzen	2	3	1	17	10
Summe .	4	4	15	17	6	122	111

Staatsverwaltung in Württemberg. Die höchſte Staatsbehörde iſt der
aus den Miniſtern und den vom Könige hiezu ernannten Mitgliedern gebildete Ge=
heime=Rath. Den einzelnen Zweigen der Staatsverwaltung ſind 6 Miniſterien zu
Stuttgart vorgeſetzt, nämlich das Miniſterium der Juſtiz, das Miniſterium
der auswärtigen Angelegenheiten (mit dem Lehenrathe und der Centralbehörde
für die Verkehrsanſtalten, welche aus 4 Sectionen beſteht, nämlich der Eiſenbahnbau=
Commiſſion, der Eiſenbahn=, der Poſt= und der Telegraphen=Direction), das Mini=
ſterium des Innern (mit der Abtheilung für das Staatsſtraßen= und Waſſerbau=
weſen, der Ablöſungs=Commiſſion, dem Medicinal=Collegium, der Centralſtelle für Handel
und Gewerbe, der Centralſtelle für die Landwirthſchaft, der Centralſtelle für Landes=
culturſachen ꝛc.), das Miniſterium des Kirchen= und Schulweſens (welchem
die Abtheilung für das Gelehrten= und Realſchulweſen einverleibt iſt und das evang.
Conſiſtorium, der kathol. Kirchenrath und die israelitiſche Oberkirchenbehörde unmittelbar
untergeordnet ſind), das Kriegs=Miniſterium (mit dem Ober=Kriegsgericht) und
das Finanz=Miniſterium (mit der Ober=Finanzkammer, welche in die Domänen=
Direction, die Forſt=Direction und den Bergrath zerfällt, ferner mit der Ober=Rech=
nungskammer, der Staatskaſſen=Verwaltung, dem Steuer=Collegium und dem ſtatiſtiſch=
topographiſchen Bureau).

In jedem der 4 Kreiſe, in welche das Königreich eingetheilt wird, iſt als leitende
Verwaltungsbehörde eine Kreisregierung beſtellt und dem Miniſterium des Innern
unmittelbar untergeordnet. Den Kreisregierungen unterſtehen für die Adminiſtration die
Oberämter in den Oberamts=Bezirken, deren Functionen in der Haupt= u. Reſidenz=
ſtadt Stuttgart von der königl. Stadt=Direction wahrgenommen werden; die un=
terſten Organe für die Landes= und Ortspolizei ſind die Gemeindevorſteher. Ferner
ſind als Territorialbehörden die Cameral= und Zollämter für das Finanzweſen,
die Forſtämter für die Forſtverwaltung, die Straßenbau=Inſpectionen und
die Bezirksbauämter für das öffentliche Bauweſen berufen ꝛc. — Für die Rechts=
pflege beſtehen (nach der Gerichtsverfaſſung vom 13. März 1868) das Ober=Tribunal
in Stuttgart, die 8 Kreisgerichtshöfe (mit 3 Kreisſtrafgerichten d. i. geſonderten Straf=
kammern außerhalb der Gerichtshofsſitze), die 8 Schwurgerichtshöfe, das Stadtgericht
für die Stadt Stuttgart, 63 Oberamts=Gerichte und die Ortsgerichte. — Beſtand der
Adminiſtrativ= und Juſtizbehörden in den Kreiſen und Bezirken:

Kreis.	Sitz der Kreisregierung.	Oberämter (Incl. Stadtdirection.)	Kreisge-richtshöfe.	Schwurgerichts-höfe.	Stadt- u. Ober-amtsgerichte.
Neckar-Kreis . .	Ludwigsburg	17	2	2	17
Schwarzwald-Kreis	Reutlingen	17	2	2	17
Jagst-Kreis	Ellwangen	14	2	2	14
Donau-Kreis . . .	Ulm	16	2	2	16
Summe . .	4	64	8	8	64

Staatsverwaltung in Baden. Die oberste Verwaltungsbehörde ist das **Staats-Ministerium**, welches, unter dem Vorsitze des Großherzogs, aus den Vor-ständen der Departements-Ministerien, aus dem Präsidenten des evangel. Oberkirchen-raths und (bei Competenzstreitigkeiten) aus höheren Gerichtsbeamten gebildet ist; ihm untersteht unmittelbar die Ober-Rechnungskammer. Die einzelnen **Departements-Ministerien** (mit dem Sitze in Karlsruhe) sind folgende 4: das **Ministerium des großherzogl. Hauses**, der **Justiz** und des **Auswärtigen**; das **Ministerium des Innern**, welchem der Verwaltungshof in Bruchsal, der Oberschulrath, der Verwal-tungsgerichtshof und der Oberrath der Israeliten unmittelbar unterstehen; das **Han-dels-Ministerium**, welchem das statistische Bureau und der Landes-Culturrath bei-gegeben und die Oberdirection des Wasser- und Straßenbaues und die Direction der Verkehrsanstalten direct untergeordnet sind; das **Finanz-Ministerium**, welchem der General-Staatskasse, der Domänen-Direction (für Domänen, Forste, Berg- und Hütten-werke), der Steuerdirection, der Zolldirection und der Baudirection vorgesetzt ist.

Zum Zwecke der örtlichen Vollziehung der Aufgaben der gesammten innern Staats-verwaltung ist das Großherzogthum in 59 Amtsbezirke abgetheilt; in jedem Bezirke ist als Staatsverwaltungsbehörde das **Bezirksamt** aufgestellt, welches die ihm zuge-wiesenen Geschäfte theils allein, theils in Verbindung mit dem aus ausgezeichneten Bewohnern gebildeten **Bezirksrathe** besorgt. Zur Pflege gemeinsamer öffentlicher Interessen und Angelegenheiten sind die Amtsbezirke in **Kreise** (Kreisverbände) vereinigt, in welchen die Selbstverwaltung der **Kreisversammlung** und dem **Kreisaus-schusse** übertragen ist und als Organ der Staatsregierung (**Kreishauptmann**) der Verwaltungsbeamte des Bezirks, in welchem die Kreisverwaltung ihren Sitz hat, fungirt. Zur Aufsicht über die Amts- und Kreisverwaltung verwendet das Ministerium des Innern Bevollmächtigte aus der Zahl seiner Collegialmitglieder als **Landes-commissäre** mit auswärtigem Wohnsitze. (Gesetz vom 5. Oct. 1863, betr. die Or-ganisation der innern Verwaltung.) — Die Handhabung der Ortspolizei ist Sache der **Bürgermeister.** — Für die Finanzverwaltung bestehen Steuerrevisionen, Obereinneh-mereien, Zoll- und Steuerämter, für das öffentliche Bauwesen bestehen Bezirksbau-Inspectionen, Wasser- und Straßenbau-Bezirksinspectionen als untere Behörden ꝛc. — Die **Rechtspflege** wird (nach dem Gesetze vom 19. Mai 1864) von folgenden ordentlichen Gerichten gehandhabt: von dem Oberhofgerichte in Mannheim, von 11 Kreisgerichten, von denen 5 (mit Appellationssenaten versehen) als Kreis- und Hofgerichte wirksam sind, von 5 Schwurgerichtshöfen und von 66 Amtsgerichten. — Ueber die Verwaltung in den Kreisen und Bezirken und über die Gerichtsbehörden folgende Tabelle:

Sitz des Landescommissärs.	Kreis (Sitz der Kreisverwaltg. u. Hofgerichts u. des Kreisgerichts.)	Sitz des Kreis- u. Hofgerichts u. des Schwurgerichtshofs	Bezirks-Aemter.	Amts-gerichte.
Konstanz . .	Konstanz	Konstanz	7	5
	Villingen		3	3
	Waldshut		5	5
Freiburg	Freiburg	Freiburg	5	8
	Lörrach		4	4
Karlsruhe . .	Offenburg	Offenburg	6	7
	Baden		5	5
	Karlsruhe	Karlsruhe	6	7
Mannheim . .	Mannheim		3	4
	Heidelberg	Mannheim	4	6
	Mosbach		8	9
Summe . . .	11	5	59	66

Staatsverwaltung in Elsaß=Lothringen. Die Befugnisse eines Ministers werden vom Reichskanzler ausgeübt, welchem der kaiserl. Ober=Präsident in Straßburg (seit 6. Sept. 1871), als unmittelbarer Chef der Landesverwaltung, unter= steht. Diesem sind wieder, als Verwaltungsbehörden der 3 Departements, in welche das Reichsland zerfällt, die kaiserl. Präfecturen untergeordnet (zu Straßburg für Nieder=Elsaß, Colmar für Ober=Elsaß und Metz für Lothringen). Die Departements werden in 22 Kreise eingetheilt und zwar 2 Stadtkreise (Straßburg und Metz) und 20 Landkreise; die Verwaltung der beiden ersteren wird von den Präfecten (in Straßburg auch von einem Polizeidirector), die der letzteren von den Kreisdirectoren besorgt. — Als oberster Gerichtshof ist das kaiserl. Reichs=Oberhandelsgericht in Leipzig bestellt (Gesetz vom 14. Juni 1871); die übrigen ordentlichen Gerichtsbehörden sind: das kaiserl. Appellationsgericht in Kolmar, die 6 kaiserl. Landgerichte (ordent= liche Collegial=Gerichte I. Instanz), die 3 kaiserl. Schwurgerichte und die kaiserl. Friedensgerichte (Einzelgerichte). (Gesetz und kaiserl. Verordnung v. 14. Juli 1871.)

Staatsverwaltung in Hessen. Die obersten Staatsbehörden sind der consul= tative, doch in gewissen Fällen auch entscheidende Staatsrath und die 5 verwaltenden Ministerien: des großherz. Hauses und des Aeußern, des Innern, der Justiz, der Finanzen und des Kriegs, denen als Centralbehörden untergeordnet sind und zwar dem Ministerium des Innern die Oberstudien= und die Obermedicinal=Direction, die Centralstellen für die Landesstatistik, für die Landwirthschaft, für die Gewerbe und den Landesgewerbeverein und der Administrativ=Justizhof, dem Finanz=Ministerium die Oberrechnungskammer, die Obersteuer=, die Oberforst= und Domänen= und die Oberbau= Direction 2c., alle in Darmstadt.

Jedem der 24 Kreise, in welche die 3 Provinzen des Großherzogthums Hessen gegenwärtig eingetheilt werden, ist als Administrativ= und Polizeibehörde das Kreisamt vorgesetzt; die Kreisämter unterstehen den direct vom Ministerium des Innern abhängigen Provinzial=Directionen, als welche die Kreisämter in den 3 Provinzialhauptstädten fungiren. Von den Kreisämtern dependiren die großherz. Polizeiverwaltungen in 7 größeren Städten und die Bürgermeister in den Gemeinden, als Träger der örtlichen Polizeigewalt. Sonst bestehen als untere Behörden Steuercommissariate, Obereinneh= mereien, Zollämter, Forst= und Rentämter, Provinzial= und Kreisbauämter u. f. w. — Ordentliche Gerichte sind: das Oberappellations= und Cassationsgericht in Darmstadt, die beiden Hofgerichte, bei welchen die Schwurgerichtshöfe gebildet werden, und das rheinhessische Obergericht; ferner in den Provinzen Starkenburg und Ober= hessen die Bezirksstrafgerichte, die Stadt= und Landgerichte und die Ortsgerichte, in Rheinhessen die Bezirksgerichte mit den Assisen und die Friedensgerichte. — Verwal= tungs= und Gerichtsorganismus in den Provinzen:

Provinz.	Sitz d. Provinz.= Direction.	Kreis= ämter.	Sitz d. Hof= ob. Obergerichts.	Bezirks= straf= gerichte.	Bezirks= gerichte.	Stadt= u. Land= gerichte.	Friedens= gerichte.
Starkenburg	Darmstadt	10	Darmstadt	2	—	18	—
Oberhessen	Gießen	9	Gießen	3	—	23	—
Rheinhessen	Mainz	5	Mainz	—	2	—	12
Summe . . .	3	24	3	5	2	41	12

Staatsverwaltung in Mecklenburg. In Mecklenburg=Schwerin bestehen vier Ministerien, nämlich für die auswärtigen Angelegenheiten, für das Innere (mit dem statistischen Bureau, der Gewerbe=Commission, der Eisenbahn=Direc= tion, der Landesvermessungs=Commission und Chaussee=Verwaltungscommission 2c.), für die Finanzen (mit dem Revisions=Departement, der Renterei, der Reluitions=Com= mission, der Steuer= und Zolldirection, dem Kammer= und dem Forst=Collegium 2c.), und für die Justiz, mit welch' letzterem für jetzt in besonderen Abtheilungen die geistlichen, Unterrichts= und Medicinal=Angelegenheiten verbunden sind (von der Medi= cinal=Abtheilung ressortirt die Medicinal=Commission in Rostock). Die Minister treten im Staats=Ministerium zusammen. Für das Militärwesen sorgt das Militär= Departement. — In Mecklenburg=Strelitz ist das Staats=Ministerium zu Neu=

Strelitz die höchste Behörde, welcher die Landesregierung, die geheime Commission (für das Schuldenwesen), die Finanz-Commission, das Kammer- und Forst-Collegium, das Medicinal-Collegium, das Consistorium (zugleich Ober-Schulcollegium) rc. unmittelbar untergeordnet sind. — Die untere politische und Polizeiverwaltung wird in den Städten und deren Gütern von den Magistraten, im Domanium von den Domänen=Aemtern (in Mecklenburg-Schwerin 45, in Mecklenburg-Strelitz 5, wozu das Cabinets=amt für die Cabinetsgüter und die Landvogtei zu Schönberg für das Fürstenthum Ratzeburg hinzutreten), in den ritterschaftlichen und übrigen Gütern von den Guts=herrschaften ausgeübt. Ein besonderes landesherrliches Polizei-Commissariat besteht für die Residenzstadt Schwerin. — Die Rechtspflege wird gehandhabt von dem Ober-Appellationsgerichte in Rostock, 4 Justizkanzleien (Obergerichten — 3 für M.=Schwerin, 1 für M.-Strelitz), 2 städtischen Obergerichten (Rostock und Wismar), dem Criminalcollegium in Bützow (für M.-Schwerin), von den Orts- und Niedergerichten (den Amtsgerichten, dem Justizamte in Schönberg, den Magistrats- und Stadtgerichten, den Patrimonial-Gerichten) und von gewissen besonderen oder außerordentlichen Ge=richten.

Staatsverwaltung in Oldenburg. Im Großherzogthume Oldenburg wird die oberste Regierung von dem Staats=Ministerium wahrgenommen, welches in 5 Departements zerfällt: für das großherzogl. Haus und die auswärtigen Ange=legenheiten, für die Justiz, für die Kirchen und Schulen, für das Innere, für die Finanzen (Ges. v. 5. Dec. 1868); ihm ist das statistische Bureau beigegeben. — Die Departements des Innern und der Finanzen fungiren auch als obere Ver=waltungsbehörde für das Herzogthum (die Provinz) Oldenburg; in dieser Hinsicht gehören zu ihrem Geschäftskreise die Polizei-Direction, die Wege- und Wasser=bau-Direction, das Medicinal-Collegium, die obere Forstverwaltung, die Hochbau-Direc=tion und die Zoll-Direction. — Andere Oberbehörden für das genannte Herzogthum sind: die Eisenbahn-Direction, die Ablösungs-Commission und die Revisions-Behörde, der evangel. Ober-Kirchenrath, die Commission für die kathol. Kirchensachen, das evang. Ober-Schulcollegium, alle mit dem Sitze in der Hauptstadt Oldenburg, das kathol. Ober-Schulcollegium zu Vechta. Provinzial=Behörden für das Fürstenthum Lübeck sind: die Regierung, die Ablösungs- und die Revisions-Behörde zu Eutin; für das Fürstenthum Birkenfeld die Regierung, das Consistorium, die Commission für die kathol. Kirchenangelegenheiten zu Birkenfeld. — Die unteren Behörden für die Administration sind: im Herzogth. Oldenburg die 17 Aemter (von welchen die Gemeindevorsteher dependiren) und die denselben gleichgestellten Magistrate der Städte Oldenburg, Jever und Varel; im Fürstenth. Lübeck die beiden Aemter und der Stadt-Magistrat Eutin; im Fürstenth. Birkenfeld die 7 Bürgermeistereien. — Als Gerichtsbehörden sind bestellt: das Ober-Appellationsgericht zu Oldenburg (bestehend aus einem Cassations- und einem Appellations-Senate), das Schwurgericht ebenda, die 5 Obergerichte (3 im Herzogth. Oldenburg, je 1 in den beiden Fürsten=thümern) und die 23 Amtsgerichte (17 im Herzogth. Oldenburg, 3 im Fürstenthume Lübeck, 3 im Fürstenth. Birkenfeld).

Staatsverwaltung in den thüringischen Staaten. In jedem der thüringischen Staaten (mit Ausnahme von Reuß älterer Linie) ist als oberste Behörde für die gesammte Staatsverwaltung ein Ministerium (in S.=Weimar, S.=Meiningen und S.=Koburg=Gotha Staats=Ministerium genannt) niedergesetzt, welches entweder als Gesammt-Ministerium oder durch seine einzelnen Abtheilungen wirksam ist. Das Staats=Ministerium von Sachsen-Koburg=Gotha zerfällt in zwei Abthei=lungen, von welchen die eine die besonderen Angelegenheiten des Herzogth. Koburg, die andere die besonderen Angelegenheiten des Herzogth. Gotha verwaltet; die Ministerien in S.=Meiningen, Schw.=Sondershausen und Reuß jüngerer Linie (zu Gera) theilen sich in 5 Abtheilungen, nämlich für das regierende Haus und das Aeußere, für das Innere, für Kirchen- und Schulsachen, für Justiz und für die Finanzen, wäh=rend das Ministerium in S.=Weimar nur 4 Departements (für das großherzogl.

Haus und den Cultus, für das Aeußere und das Innere, für die Justiz und für die Finanzen — großh. Verordn. vom 8. April 1871) und jenes in S.=Altenburg blos 3 Abtheilungen (für das herzogl. Haus, die auswärtigen, inneren und Cultus=Sachen, für die Justiz, für die Finanzen — herzogl. Verordn. vom 25. Aug. 1869) umfaßt. In Schw.=Rudolstadt werden die Geschäfte des Ministeriums nach Bedürfniß in getrennten Fachabtheilungen bearbeitet (Ges. vom 7. Febr. 1868); solche bestehen derzeit für die Finanzen und für die Kirchen= und Schulsachen. Im Fürstenthume Reuß älterer Linie ist die höchste Verwaltungsbehörde die Landesregierung zu Greiz, nur die Angelegenheiten des fürstl. Hauses sind dem Geh. Cabinete, die Kirchen= und Schulsachen dem Consistorium und die Domänen der Kammer zu=gewiesen. Auch in Reuß jüng. Linie besteht eine fürstliche Kammer (für das Domi=nial=Vermögen); in den übrigen Staaten hingegen ist eine weitere Oberbehörde zwischen Ministerium und Bezirksbehörden weder für die innere, noch für die Finanzverwaltung errichtet. Für die untere Landesverwaltung und die Polizei zerfallen die thüringischen Staaten in Verwaltungs=Bezirke, S.=Meiningen in 4 Kreise (Ges. v. 15. April 1868), S.=Altenburg in 2 Kreise, den Ost= und Westkreis, die wieder in Bezirke getheilt sind. Diesen Verwaltungs=Bezirken sind vorgesetzt in S.=Weimar 5 Bezirks=Directionen, in S.=Koburg=Gotha 4 Landrathsämter und 1 Justizamt (Königsberg), in Schw.=Rudolstadt 3 Landrathsämter (Ges. vom 7. Febr. 1868), in Schw.=Son=dershausen 4, in Reuß j. L. 3 Landrathsämter, in Reuß ä. L. 1 Landraths=amt (Ges. vom 1. Sept. 1868). In S.=Meiningen sind die Residenz=Polizeidirection und 5 Verwaltungsämter (im Kreise Meiningen die erstgenannte und 2 Verwaltungs=ämter, in den Kreisen Hildburghausen, Sonneberg und Saalfeld je 1 Verwaltungsamt) mit der Administration betraut; in Sachsen=Altenburg sind die beiden Kreishaupt=mannschaften die Verwaltungsbehörden für den Ost= und Westkreis, während die erstinstanzliche Erledigung aller Verwaltungs= und Polizeiangelegenheiten auf dem Lande den 9 Gerichtsämtern, in den Städten den Stadträthen zukommt. Auch in S.=Koburg und (für gewisse Gegenstände) in Reuß ä. L. sind sämmtliche, in S.=Gotha und Reuß j. L. die größeren Städte von dem Wirkungskreise der Verwaltungsämter eximirt, welcher den städtischen Behörden (Magistrat, Stadtrath, Bürgermeisteramt) zu=gewiesen ist. Die übrigen Gemeindevorstände fungiren, unter den Verwaltungsämtern, als Ortspolizeibehörden. — Für die Rechtspflege bestehen: das gemeinsame Ober=Appellationsgericht in Jena; die Appellationsgerichte in Eisenach (für S.=Weimar, S.=Koburg=Gotha, Schwarzburg und Reuß), Hildburghausen (für S.=Meiningen) und Altenburg (für S.=Altenburg); die Geschworenengerichte (2 im Bezirke des Appellations=gerichts Eisenach und 2 in S.=Meiningen); die collegialisch eingerichteten Kreisgerichte, 3 in S.=Weimar, 5 in S.=Meiningen, 2 in S.=Koburg=Gotha, 3 in Schwarzburg, 3 in Reuß j. L., 1 in Reuß ä. L.; der Gerichtshof 1. Instanz und 2 Criminalgerichte in S.=Altenburg; die Einzelgerichte, nämlich 2 Stadtgerichte, 26 Justizämter und 2 Justiz=amts=Commissionen in S.=Weimar, 4 Landgerichte und 11 Kreisgerichts=Deputationen in S.=Meiningen, 1 Stadtgericht und 15 Justizämter in S.=Koburg=Gotha, 1 Stadtge=richt, 9 Gerichtsämter und das Gericht Meuselwitz in S.=Altenburg, 6 Justizämter und 1 Justizamts=Commission in Schw.=Rudolstadt, 5 Justizämter in Schw.=Sonders=hausen, 8 Justizämter in Reuß j. L. und 4 Justizämter in Reuß ä. L. Das Institut der Friedensrichter besteht in S.=Meiningen, S.=Koburg=Gotha und Reuß j. L., das der Schiedsmänner in Schw.=Sondershausen.

Staatsverwaltung in Braunschweig. Mit der obersten collegialischen Leitung der Staatsverwaltung ist das Staats=Ministerium beauftragt, neben welchem zur Berathung der Gesetzentwürfe und anderer wichtigen Landesangelegenheiten eine Ministerial=Commission besteht. Dem Staats=Ministerium sind unmittelbar un=tergeordnet: das statistische Bureau, das Consistorium in Wolfenbüttel (für Kirchen= und Schulsachen), das Ober=Sanitätscollegium, die Landes=Oekonomiecommission, die herzogl. Kammer, das Finanz= und das Steuer=Collegium, die Zoll= und Steuerdirection, die Baudirection, das Commissariat für das Eisenbahnwesen und die Kreisdirectio=

nen. Die letzten sind die leitenden Behörden für die Landesverwaltung und Polizei in den 6 Kreisen, in welche das Staatsgebiet eingetheilt ist; ihnen unterstehen die Amts=voigte in den 23 Aemtern; Ortspolizei=Behörden sind die Polizeidirection zu Braunschweig, welche aber, nebst dem dasigen Magistrate, unmittelbar vom Ministerium dependirt, das Polizeiamt in Wolfenbüttel, die Magistrate in den Städten und die Ge=meindevorsteher auf dem Lande. — Für die Rechtspflege bestehen: der Cassationshof und das Obergericht in Wolfenbüttel, der Schwurgerichtshof ebenda, die 6 Kreisgerichte, 2 Stadt= und 23 Amtsgerichte.

Staatsverwaltung in Anhalt. Nach den neuesten Organisations=Be=stimmungen ist das Staats=Ministerium zu Dessau die oberste Behörde für das Herzogthum (herzogl. Verordn. vom 28. April 1870), welchem die Regierung (mit 2 Abtheilungen: für Finanzen und für das Innere), das Consistorium (für evang. Kirchen= und Schulsachen), das statistische Bureau und die Generalcommission (für Separation und Ablösung) alle zu Dessau, unterstehen. Von der Regierung dependiren wie=der die Kreisdirectionen in den 5 Kreisen, in welche das Herzogthum einge=theilt ist, mit den Sitzen in Dessau, Köthen, Zerbst, Bernburg und Ballenstedt, unter deren Aufsicht die Ortspolizei durch die Gemeindevorstände und die Eigen=thümer der selbständigen Rittergüter besorgt wird; nur die Ortspolizei=Verwal=tungen zu Dessau, Köthen, Zerbst und Bernburg stehen unmittelbar unter der Regie=rung. — Die Rechtspflege wird gehandhabt von dem Ober=Appellationsgerichte in Jena, dem Ober=Landesgerichte in Dessau, von den Geschworenengerichten, den 5 Kreisgerichten und von 9 Kreisgerichts=Commissionen. Auch wurden durch das Gesetz vom 10. Aug. 1864 in allen Stadt= und Landgemeinden Friedensrichter bestellt.

Staatsverwaltung in Waldeck=Pyrmont. Zufolge des zwischen Preußen und Waldeck am 18. Juli 1867 abgeschlossenen Accessions=Vertrags, welcher vom 1. Januar 1868 ab auf die Dauer von 10 Jahren in Kraft trat, übernahm Preußen die innere Verwaltung der Fürstenthümer Waldeck und Pyrmont, welche Namens des Fürsten in Uebereinstimmung mit der Verfassung und den Gesetzen des Landes geführt werden soll. Ausgeschlossen und somit dem Fürsten vorbehalten bleibt nur die Domänen=Administration, jene Verwaltung, welche dem fürstl. Consistorium in seiner Eigenschaft als Oberkirchenbehörde zusteht, sowie die Verwaltung des Stifts Schaaken. Der König von Preußen übt die volle Staatsgewalt, wie sie dem Fürsten von Waldeck und Pyrmont zukommt; letzterem ist jedoch das Begnadigungsrecht, sowie das Recht der Zustimmung zu Verfassungsänderungen und Gesetzen, soweit sie nicht die von Preußen nach eigenem Ermessen zu ändernde Organisation der Justiz= und Ver=waltungsbehörden betreffen, vorbehalten. An der Spitze der Verwaltung der Fürsten=thümer steht ein vom Könige von Preußen zu ernennender Landesdirector, durch welchen auch der Fürst die ihm verbleibende Vertretung des Staats nach Außen ausübt. Sämmtliche Staatsdiener werden von Preußen ernannt und sind preußische Unterthanen. Preußen bezieht die Landeseinnahmen, bestreitet aber auch die Landesausgabe.

Die höchste Centralbehörde ist das Landesdirectorium zu Arolsen; die Functionen einer Oberschulbehörde sind dem k. preuß. Provinzial=Schulcollegium in Kassel übertragen. Das Fürstenthum zerfällt in 4 Kreise, in deren jedem ein Kreis=Amtmann mit der Administration betraut ist (a. h. Erl. vom 25. Jan. 1869), welcher die Aufsicht über die Bürgermeister, als die örtlichen Organe der Staatsver=waltung, führt. Die Hebung der directen Steuern ist Sache der Kreis=Rentmeister. — Die Gerichtsbarkeit wird ausgeübt durch: das Ober=Appellationsgericht in Berlin, das Appellationsgericht in Kassel, das Kreisgericht in Arolsen, das Schwur=gericht, die Kreisgerichts=Deputation zu Pyrmont und 4 Amtsgerichte (kgl. Verordnung vom 6. October 1868); auch bestehen Friedensgerichte. — Die Domanial=Verwaltung ist der fürstlichen Domänen=Kammer und 4 Domanial=Rentereien zugewiesen.

Staatsverwaltung in Lippe. An der Spitze der Staatsverwaltung steht das Cabinets=Ministerium zu Detmold, welchem als obere Landesstellen die Re=

gierung, die Direction der fürstl. Fideicommiß=Verwaltung (mit der
Kammer und der Forstdirection) und das Consistorium untergeordnet sind. Untere
Verwaltungsbehörden sind in den Städten die Magistrate, auf dem Lande die 14
Aemter (13 fürstl. und 1 freiherrl. Blombergisches). Gerichtsbehörden sind: das
kgl. preuß. Appellationsgericht in Celle, als oberster Gerichtshof; die Justizkanzlei, das
Hofgericht, das Criminalgericht, das Hofmarschallamt, das Consistorium, die Stadtge=
richte, Aemter und das Stiftsgericht zu Kappel.

Staatsverwaltung in Schaumburg=Lippe. Die oberste Staatsbehörde
ist die fürstl. Landesregierung zu Bückeburg, neben welcher die Lehn= und die
Rentkammer und das Consistorium bestehen. Der Landesregierung sind untergeordnet:
das Medicinal=Collegium, die Polizeidirection zu Bückeburg und als untere Administra=
tiv=Behörden die städtischen Magistrate und 3 fürstl. Aemter. Als Gerichtsbehörden
sind bestellt: das Ober=Appellationsgericht (der erste Senat des Obergerichts in Wolfen=
büttel), der Justiz=Senat der Regierung und die Justizkanzlei zu Bückeburg, die Aemter,
die Magistrate und das Consistorium.

Staatsverwaltung in den Hansestädten. In jeder der hanseatischen
Republiken ist der Senat mit der obersten Leitung der Staatsverwaltung betraut,
welcher für die einzelnen Geschäftszweige besondere Aemter oder Deputationen bestellt,
denen öfters auch Deputirte der Bürgerschaft beigegeben sind. Polizeibehörden in den
eigentlichen Freistädten, der Magistrat im hamburgischen Städtchen Bergedorf, Aemter
und Landherren in den Landbezirken üben die niedere Administration und Polizeiver=
waltung aus. Die Justiz wird in höchster Instanz vom gemeinsamen Ober=Appel=
lationsgerichte in Lübeck, von drei Obergerichten und von verschiedenen Untergerichten
gehandhabt.

Reichs= und Staats=Finanzen.

Nach der Reichs=Verfassungsurkunde vom 16. April 1871 müssen alle Einnahmen
und Ausgaben des Reichs für jedes Jahr veranschlagt und auf den Reichshaushalts=
Etat gebracht werden, welch' letzterer nach folgenden Grundsätzen durch ein Gesetz fest=
gestellt wird. Zur Bestreitung aller gemeinschaftlichen Ausgaben dienen zunächst die
etwaigen Ueberschüsse der Vorjahre, sowie die aus den Zöllen, den gemeinschaftlichen
Verbrauchssteuern und aus dem Post= und Telegraphenwesen fließenden gemeinschaftlichen
Einnahmen. Insoweit dieselben durch diese Einnahmen nicht gedeckt werden, sind sie,
so lange Reichssteuern nicht eingeführt sind, durch Beiträge der einzelnen Bundesstaaten
nach Maßgabe ihrer Bevölkerung aufzubringen, welche bis zur Höhe des budgetmäßigen
Betrags durch den Reichskanzler ausgeschrieben werden. — Ueber die Verwendung aller
Einnahmen des Reichs wird durch den Reichskanzler dem Bundesrathe und dem Reichs=
tage zur Entlastung jährlich Rechnung gelegt. — In Fällen eines außerordentlichen
Bedürfnisses kann im Wege der Reichsgesetzgebung die Aufnahme einer Anleihe, sowie
die Uebernahme einer Garantie zu Lasten des Reichs erfolgen.

Die Ergebnisse des Reichshaushalts und des Staatshaushalts der einzelnen Bun=
desländer sind aus folgender Uebersicht zu entnehmen — in Thalern preuß. Courant:

	Einnahmen.	Ausgaben.		Schuld.
Deutsch.Reich(Reichshaushalts=Etat f.1872)	116,851,255	116,851,255	Ende 1870	168,874,300
Preußen (Staatshaushalts=Etat pro 1871)	172,918,937	172,918,937	1870	452,517,224
Lauenburg (Budget für 1870)	375,000	384,000	c.	2,000,000
Bayern (Budget für 1872 u. 73 jährlich)	58,629,558	58,629,558	Anf. 1870	243,397,900
Sachsen (Budget für 1871)	16,628,594	16,628,594	" "	104,091,075
Württemberg (Finanzetat für 1869/70)	12,703,512	12,723,247	Aug. 1870	94,947,567
Baden Haupt=Finanzetat für 1871	11,896,122	11,896,122	Anf. 1870	87,666,503[1]
Baden Post= u. Eisenbahn=Etat für 1871	12,727,000	9,935,936		
Hessen (Budget für 1869—71, jährlich)	5,892,527	5,714,295	" "	16,787,029[2]

1) Den Passiven stehen gegenüber die Activa im Betrage von 5,022,095 Thlr. — 2) Activa: 8,373,314 Thlr.

	Einnahmen.	Ausgaben.	Schuld.	
Mecklenburg-Schwerin	?	5,244,000¹)	Joh. 1870	7,518,095
Mecklenburg-Strelitz	?	1,600,000¹)	c.	1,750,000¹)
Olden- { Central-Etat b.Großhrzgth. f.1872	344,300	344,300		
burg { Etat des Herzogth. Oldenburg -	1,471,000	1,418,000		
{ - - Fürstenth. Lübeck . -	190,150	195,350	Anf. 1870	7,767,200²)
{ - - - Birkenfeld -	137,300	168,300		
S.-Weim.-Eisenach(Etat 1869—71, jährl.)	1,659,500	1,803,658	c.	4,140,000³)
S.-Meiningen (Etat 1869—71, jährlich)	1,104,914	1,024,914	Ende 1870	5,098,312⁴)
S.-Koburg (Etat 1867—73, jährlich) .	352,554	306,782	Mitte 1869	1,546,274⁵)
S.-Gotha (Etat 1869—73, jährlich) ..	1,147,928	975,464	Mitte 1869	2,416,575⁶)
S.-Altenburg (Etat 1869—72, jährlich) .	826,617	826,617	Anf. 1870	850,194⁷)
Braunschweig(Finanzetat für 187⁰/₂, jährl.)	2,595,000	2,595,000	1870	13,974,746
Anhalt (Finanzetat für 1871)	2,213,979	2,213,979	Anf. 1870	5,606,107⁸)
Schw.-Rudolstadt (Etat für 1869) ...	439,287	451,674	c.	1,000,000
Schw.-Sondershausen (Etat für1868—71, jährlich)	600,070	593,795	Anf. 1870	1,428,101
Reuß ält. Linie (Landeskassen-Rechn. 1868)	206,907	229,377	c.	205,000
Reuß jüng. Linie(Etat f.1869—71,jährlich)	243,100	239,850	Mitte 1870	679,450
Waldeck-Pyrmont(Staatskassen-Etat f.1871)	240,996	240,996	1869	1,128,300
Lippe (1868 — incl. Kammergut) ...	405,213	398,280	Anf. 1869	368,505
Schaumburg-Lippe, ungefähr	228,000	228,000		2,650,000
Lübeck (Budget für 1870)	676,800	676,800	Anf. 1869	7,847,520
Bremen (- - -)	2,267,224	2,486,071	1869	12,967,479
Hamburg (- - -)	5,462,464	5,575,062	1868	30,619,023

Kriegswesen.

Wehrsystem. Das Wehrsystem ist im Deutschen Reiche im Allgemeinen durch Bestimmungen der Reichs-Verfassungsurkunde vom 16. April 1871 und im Detail durch das Reichsgesetz vom 9. November 1867, betreffend die Verpflichtung zum Kriegs= dienste, und durch die Militär-Ersatz-Instruction vom 26. März 1868 geregelt. — Jeder Deutsche ist wehrpflichtig und kann sich in Ausübung dieser Pflicht nicht ver= treten lassen. Hievon ausgenommen sind nur die Mitglieder der regierenden, der media= tisirten, vormals reichsständischen und derjenigen Häuser, welchen die Befreiung von der Wehrpflicht durch Verträge zugesichert ist oder auf Grund besonderer Rechtstitel zusteht. Jene Wehrpflichtigen, welche zwar nicht zum Waffendienste, jedoch zu sonstigen militärischen Dienstleistungen, die ihrem bürgerlichen Berufe entsprechen, fähig sind, können zu solchen herangezogen werden.

Die bewaffnete Macht besteht aus dem Heere, der Marine und dem Landsturm. Das Heer wird eingetheilt in das stehende Heer und die Land= wehr, die Marine in die Flotte und die Seewehr. Das stehende Heer und die Flotte sind beständig zum Kriegsdienste bereit; sie sind die Bildungsschule der Nation für den Krieg. Zu ihrer Unterstützung sind die Landwehr und die Seewehr bestimmt. Der Landsturm tritt nur auf Befehl des Kaisers zusammen, wenn ein feindlicher Ein= fall Theile des Reichsgebiets bedroht oder überzieht.

Die Wehrpflicht dauert vom vollendeten 17ten bis zum vollendeten 42sten Lebensjahre. Während dieser Zeit ist jeder Wehrpflichtige durch 12 Jahre militär= dienstpflichtig, d. h. zum 12jährigen Dienste im Heere oder in der Marine ver= pflichtet. Alle nicht zum Dienste im Heere oder in der Marine eingezogenen Wehr= pflichtigen sind im Kriege landsturmpflichtig. Die Militärpflicht d. h. die Verpflichtung zum Eintritte in das stehende Heer, bez. in die Flotte beginnt mit dem 1. Januar des Kalenderjahrs, in welchem der Wehrpflichtige das 20ste Lebensjahr vol= lendet. Sie dauert in Friedenszeiten so lange, bis der Eintritt in den Militärdienst wirklich erfolgt ist, oder bis der Wehrpflichtige von Erfüllung der Pflicht zum Eintritte

---

1) Nach den Angaben in Hübner's statistischer Tafel, 1871. — 2) Dazu kommt eine im J. 1871 abgeschlos= sene Eisenbahn-Anleihe von 4,800,000 Thlr. — 3) Dazu eben so viele Activa. — 4) Activa: 2,023,080 Thlr. — 5) Activa: 509,643 Thlr. — 6) Activa: 1,402,603 Thlr. — 7) Activa: 1,558,362 Thlr. — 8) Activa: 2,290,784 Thlr.

in das stehende Heer, bez. in die Flotte, durch Verfügung der competenten Ersatzbe=
hörden gänzlich oder für gewöhnliche Friedenszeiten entbunden wird. In Kriegszeiten
oder bei einer Mobilmachung können die nur für Friedenszeiten vom Dienste im stehen=
den Heere oder in der Flotte entbundenen Mannschaften bis zum vollendeten 31sten
Lebensjahre, nach Maßgabe ihres alsdann erreichten Lebensalters, zum Dienste im
Heere, bez. in der Marine herangezogen werden. — Die gesammte seemännische Be=
völkerung ist vom Dienste im Landheere befreit und nur zu jenem in der Reichs=Kriegs=
marine verpflichtet.

Die Verpflichtung zum Dienste im stehenden Heere, bezieh. in der
Flotte, dauert 7 Jahre, während welcher die Mannschaften die ersten 3 Jahre zum
ununterbrochenen activen Dienste verpflichtet, die letzten 4 Jahre zur Reserve beurlaubt
sind, insoweit nicht bei dieser die jährlichen Uebungen, nothwendige Verstärkungen oder
Mobilmachungen die Einberufung zum Dienste erfordern. Die Verpflichtung zum
Dienste in der Land= und Seewehr ist von 5jähriger Dauer. Mannschaften
der Cavallerie jedoch, die sich freiwillig zu einer 4jährigen activen Dienstzeit verpflich=
ten, dienen in der Landwehr nur 3 Jahre. Der Eintritt in die Land= und Seewehr
erfolgt nach abgeleisteter Dienstpflicht im stehenden Heere, bezieh. in der Flotte. Die
Mannschaften der Land= und Seewehr sind im Frieden beurlaubt, können aber (mit
Ausnahme der Cavalleristen) während ihrer Dienstzeit zweimal zu kürzeren Uebungen
einberufen werden. Die Einberufung der Reserve, Land= und Seewehr zu den Fahnen,
bezieh. zur Flotte erfolgt auf Befehl des Kaisers; durch die commandirenden Generäle
erfolgt die Einberufung nur zu den jährlichen Uebungen oder wenn Theile des Reichs=
gebiets in Kriegszustand erklärt werden.

Der freiwillige Eintritt in den Militärdienst ist jedem jungen Manne schon
nach vollendetem 17ten Lebensjahre gestattet. Junge Leute von Bildung, welche sich
während ihrer Dienstzeit selbst bekleiden, ausrüsten und verpflegen, und welche die ge=
wonnenen Kenntnisse in dem vorgeschriebenen Umfange dargelegt haben, werden schon
nach einer einjährigen Dienstzeit im stehenden Heere zur Reserve beurlaubt (einjährig
Freiwillige). Junge Seeleute von Beruf und Maschinisten von entsprechendem Bil=
dungsgrade genügen ihrer Verpflichtung für die active Marine durch einjährig freiwil=
ligen Dienst, ohne zur Selbstbekleidung und Selbstverpflegung verpflichtet zu sein.
Einjährig Freiwillige können, nach Maßgabe ihrer Fähigkeiten und Leistungen zu Offi=
zierstellen der Reserve, Land= und Seewehr vorgeschlagen werden. — Militärpflichtige
Candidaten des Elementar=Schulamts und Elementar=Lehrer haben sich
nur einer 6wöchentlichen Uebung bei einem Infanterie=Regimente zu unterziehen und
treten dann sofort in die Reserve; für Militär=Krankenwärter dauert die active
Dienstzeit 1½ Jahr. Desgleichen kann die Dienstzeit in der activen Marine für See=
leute von Beruf und Maschinisten bis auf eine einjährige verkürzt werden. Endlich
sind Seeleute, welche auf einem deutschen Handelsschiffe nach vorschriftsmäßiger An=
musterung thatsächlich in Dienst getreten sind oder welche eine deutsche Navigations=
oder Schiffsbauschule besuchen, im Frieden vom Flotten=Dienste befreit. —

Jeder Deutsche wird in demjenigen Bundesstaate zur Erfüllung seiner Militär=
pflicht herangezogen, in welchem er zur Zeit des Eintritts in das militärpflichtige Alter
seinen Wohnsitz hat, oder in welchen er vor erfolgter endgiltiger Entscheidung über seine
active Dienstpflicht verzieht. Den Freiwilligen steht die Wahl des Truppentheils, bei
welchem sie ihrer activen Dienstpflicht genügen wollen, innerhalb des Reichs frei. Re=
serve= und Landwehrmannschaften treten beim Verziehen von einem Staate in den an=
dern zur Reserve, bezieh. Landwehr des letztern über.

Im Deutschen Reiche ist die preußische Militär=Gesetzgebung eingeführt; nur die
Militär=Kirchenordnung ist ausgeschlossen. In Württemberg sind ferner (bis zur Ord=
nung durch die Reichsgesetzgebung) von der Gemeinsamkeit ausgenommen das Militär=
Strafgesetzbuch, die Militär=Strafgerichtsordnung und die Bestimmungen über Ein=
quartierung und Ersatz von Flurbeschädigungen (Milit.=Conv. vom 21./25. Nov. 1870).
Bayern behielt seine bisherige Militär=Gesetzgebung (abgesehen von den Bestimmungen

der Reichsverfassung über die Wehrpflicht und Dienstzeit) bis zu weiterer Regelung (Bündniß-Vertrag vom 23. Nov. 1870). —

Organisation und Stärke des Heeres. Für die Organisation des Reichs-heers sind ebenfalls die Bestimmungen der Reichsverfassung maßgebend, außerdem die vom deutschen Kaiser mit den Bundesfürsten und den hanseestädtischen Senaten abge-schlossenen Militär-Conventionen. Darnach bildet die gesammte Landmacht des Reichs ein einheitliches Heer, das im Kriege und (mit Ausnahme der bayerischen Truppen) auch im Frieden unter dem Befehle des Kaisers steht. Der Kaiser hat die Pflicht und das Recht, dafür Sorge zu tragen, daß innerhalb des deutschen Heeres alle Truppen-theile vollzählig und kriegstüchtig vorhanden sind und daß Einheit in der Organisation, Formation und Ausbildung hergestellt und erhalten wird. Der Kaiser bestimmt den Präsenzstand, die Gliederung und Eintheilung der Contingente und die Organisation der Landwehr. Er hat innerhalb des Reichsgebiets (abgesehen von Bayern) das Dislo-cationsrecht; doch sollen in Friedenszeiten die Contingente, wenn militärische und poli-tische Rücksichten nicht etwas Anderes bedingen, in ihren heimatlichen Garnisonen ver-bleiben und hievon abweichende Anordnungen in Württemberg nur nach erfolgter Zu-stimmung des Landesfürsten, in Sachsen und Hessen nach geschehenem Einvernehmen mit demselben stattfinden. Die kriegsbereite Aufstellung eines jeden Theils des Reichsheeres wird vom Kaiser angeordnet; nur in Bayern erfolgt dieselbe auf Veranlassung des Kaisers durch den König. Alle deutschen Truppen sind im Fahneneide verpflichtet, den Befehlen des Kaisers unbedingte Folge zu leisten; die bayerischen Truppen haben diese Verpflichtung blos im Kriege. Abgesehen von Bayern werden der Höchstcommandirende eines Contingents, sowie alle Offiziere, welche Truppen mehr als eines Contingents befehligen, und alle Festungs-Commandanten vom Kaiser ernannt, von dessen Zustim-mung auch die Ernennung der Generäle abhängig gemacht ist. Die anderen Offiziere (in Bayern sämmtliche Offiziere) werden von den Bundesfürsten (bezieh. Senaten) er-nannt, wenn sich dieselben nicht dieses Rechts durch Conventionen (siehe unten) begeben haben. — Die einzelnen Bundesfürsten sind Chefs aller ihren Gebieten angehörenden Truppentheile und genießen die damit verbundenen Ehren; auch steht ihnen das Recht zu, zu polizeilichen Zwecken nicht blos ihre eigenen Truppen zu verwenden, sondern auch alle anderen Truppentheile des Reichsheers, welche in ihren Ländergebieten dis-locirt sind, zu requiriren. — Das Recht, Festungen innerhalb des Reichsgebiets anzu-legen, steht dem Kaiser zu (in Württemberg nach vorherigem Einvernehmen mit dem Landesherrn, in Bayern im Wege jeweiliger specieller Vereinbarung). Der Kaiser kann, wenn die öffentliche Sicherheit in dem Reichsgebiete bedroht ist, einen jeden Theil des-selben in Kriegszustand erklären. —

Die Feststellung der Friedens-Präsenzstärke des Reichsheers gehört in den Bereich der Reichsgesetzgebung.

Das deutsche Reichsheer begreift folgende Contingente:

1) Die königl. preußische Armee. In dieselbe sind die Wehrpflichtigen von Oldenburg (Militär-Conv. vom 15. Juli 1867), Schwarzburg-Sondershausen (Militär-Conv. vom 28. Juni 1867), Lippe (Mil.-Conv. vom 26. Juni 1867), Schaumburg-Lippe (Mil.-Conv. vom 30. Juni 1867), Waldeck-Pyrmont (Mil.-Conv. vom 6. Aug. 1867), Lübeck (Mil.-Conv. vom 27. Juni 1867), Bremen (Mil.-Conv. vom 27. Juni 1867) und Hamburg (Mil.-Conv. vom 23. Juli 1867) eingereiht, indem diese Staaten von der Stellung eines eigenen Contingents abgesehen und ihre militärische Bundes-leistung ganz an Preußen übertragen haben.

2) Die Contingente von Baden (Mil.-Conv. vom 25. Nov. 1870), Hessen (Mil.-Conv. vom 13. Juni 1871), S.-Weimar, S.-Meiningen, S.-Coburg-Gotha, S.-Altenburg, Schw.-Rudolstadt und Reuß (Mil.-Conv. mit den thüring. Staaten vom 26. Juni 1867), sowie von Anhalt (Mil.-Conv. v. 28. Juni 1867). Diese Contingente sind mit der preuß. Armee auf das Engste verbunden; die Offiziere, Portepee-Fähnriche, Aerzte und Militärbeamten werden vom Kaiser ernannt. Das badische Contingent bildet ein besonderes Armeecorps, das hessische eine ge-

ſchloſſene Diviſion im Verbande der preuß. Armee. Die Contingente der übrigen ge=
nannten Staaten ſind in eigenen Infanterie-Regimentern formirt; die für Cavallerie
und Specialwaffen tauglichen Wehrpflichtigen aus dieſen Staaten leiſten ihre Dienſt=
pflicht in preuß. Truppentheilen ab.

3) Die Contingente von Mecklenburg=Schwerin (Milit.=Conv. vom
24. Juli 1868) und Mecklenburg=Strelitz (Milit.=Conv. vom 9. Nov. 1868).
Die Offiziere, Portepee=Fähnriche, Aerzte und Zahlmeiſter werden vom Kaiſer ernannt.

4) Das Contingent des Herzogthums Braunſchweig.

5) Das königl. ſächſiſche Contingent — ein in ſich geſchloſſenes Armeecorps
(Milit.=Conv. vom 7. Febr. 1867).

6) Das königl. württembergiſche Contingent — ein in ſich geſchloſſenes
Armeecorps (Milit.=Conv. vom 21./25. Nov. 1870).

7) Die königl. bayeriſche Armee — ein in ſich geſchloſſener Beſtandtheil des
deutſchen Heeres, mit ſelbſtändiger Verwaltung, unter der Militärhoheit des Königs von
Bayern (Bündnißvertrag vom 23. Nov. 1870).

Die Formation des ſtehenden Heeres iſt folgende: 1) Infanterie,
148 Infanterie-Regimenter und 26 Jäger=Bataillone. Es beſtehen: 9 k. preuß. Garde=
Regimenter (4 Garde=Rgtr. zu Fuß, 4 Grenadier=Regtr. und 1 Füſilier=Regt.),
139 Linien=Regimenter, nämlich 19 Grenadier=Regimenter (12 preuß.,
2 ſächſ., 2 württemb., 2 badiſche und 1 mecklenburg.), 107 Infanterie=Regimenter
(65 preuß., 16 bayer., 6 ſächſ., 6 württemberg., 4 badiſche, 4 heſſiſche, 3 thüring. [1 von
Sachſ.=Weimar, 1 von S.=Meiningen und S.=Koburg=Gotha, 1 von S.=Altenburg,
Schwarzb.=Rudolſtadt und Reuß], 1 oldenburg., 1 braunſchw. und 1 anhalt.) und 13
Füſilier=Regimenter (11 preuß., 1 ſächſ. und 1 mecklenburg.), 1 preuß. Garde=
jäger= und 1 preuß. Gardeſchützen=Bataillon und 24 Jäger=Bataillone (11
preuß., 10 bayer., 2 ſächſ. und 1 mecklenburg.). Jedes Infanterie=Regiment zählt 3 Ba=
taillone (1 heſſiſches nur 2 Bataill.) à 4 Comp., im Frieden in der Regel 1670, im Kriege
3169 Mann [1]); jedes Jäger= oder Schützen=Bataillon zählt ebenfalls 4 Compagnien, im
Frieden 556, im Kriege 1048 Mann [2]); außerdem wird im Kriege für jedes Infanterie=
Regiment 1 Erſatz=Bataillon (von 4 Comp., 1028 Mann, und 1 Handwerker=Abthei=
lung, 212 Mann), für jedes Jäger=Bat. 1 Erſatz=Comp. (206 Mann, mit einer Hand=
werker=Abtheilung von 59 Mann) formirt. — 2) Cavallerie, 93 Regimenter, näm=
lich 12 Küraſſier=Regimenter (10 preuß. und 2 bayer., unter den erſten 1 Regt.
Gardes du Corps und 1 Garde=Regmt.), 28 Dragoner=Regimenter (2 Garde=
und 16 andere preuß., 2 württemb., 3 badiſche, 2 heſſiſche, 2 mecklenburg. Regimtr.,
1 oldenburg. Regmt.), 18 Huſaren=Regimenter (1 Garde= und 16 andere preuß.
Regimenter, 1 braunſchw. Rgmt.), 25 Ulanen=Regimenter (3 Garde= und 16
andere preuß., 2 bayer., 2 ſächſ. und 2 württemb. Regmtr.) und 10 leichte Reiter=
Regimenter (1 Garde= und 3 andere ſächſ. Reiter=Regmtr., 6 bayer. Chevauxlegers=
Regmtr.). Jedes Cavallerie=Regiment zählt 5 Escadrons, von denen die 5te beim
Ausmarſch als Erſatz=Escadron zurückbleibt, im Frieden 739 Mann, im Kriege 884
Mann (nebſt einer Handwerker=Abtheil. von 60 Mann [3]). — 3) Artillerie, 31 Regi=
menter, das großherzogl. heſſiſche Artillerie=Corps und 5 ſelbſtändige Feſtungs=Artillerie=
Abtheilungen (3 preuß., 1 württemb. und 1 badiſche). Von den 31 Regimentern ſind
16 Feldartillerie=Regimenter (1 Garde= und 12 andere preuß., 1 ſächſ., 1
württemb., 1 badiſches), 11 Feſtungs=Artillerie=Regimenter (1 Garde= und
9 andere preuß., 1 ſächſ.) und 4 gemiſchte Artillerie=Regmtr. (bayer.). Jedes
Feldartillerie=Regiment zählt im Frieden 4 Abtheilungen (1 reitende und 3 Fuß=Abtheil.,

---

1) Im Frieden haben 5 preuß. Garde=Regtr. einen Stand von 2176, 1 preuß. Garde=Regt. hat einen ſolchen
von 1708, 1 preuß. Füſilier=Regt. v. 1689 Mann und zählt derzeit jedes der bayer. Regimenter 1770 Mann; der
Kriegsſtand iſt bei 1 preuß. Garde=Regt. 3208, bei 6 preuß. Garde=Regtrn. 3207, bei 1 preuß. Füſilier=Regt. 3184.
bei den übrigen Füſilier=Regtrn. 3165 Mann, bei den bayer. Regtrn. 3041 Mann.
2) Das bayer. Jäger=Bataillon zählt derzeit im Frieden 585, im Kriege über 1000 Mann.
3) Das preuß. Garde=du=Corps=Regt. zählt im Frieden 760, im Kriege 969 Mann, jedes der bayer. Caval=
lerie=Regtr. im Frieden 729, im Kriege 1045 Mann.

15 Batterien mit 60 Geschützen), das sächs. Regiment hat 5 Abtheilungen (1 reit. und 4 Fuß=Abtheil., 16 Batterien mit 64 Geschützen), das württemb., das badische und das Feld=Artill.=Regiment des XV. Armee=Corps haben nur 3 Abtheilungen (mit bezieh. 12, 10 und 11 Batterien); im Kriege bestehen dieselben Abtheilungen (die Fuß=Abtheilung zu 4, die reitende zu 3—4 Batterien, jede Batterie zu 6 Geschützen), außerdem für jedes Regiment eine Colonnen=Abtheilung. Jedes Festungs=Artill.=Regmt. begreift 2 Abtheilungen mit 8 Comp., nur das sächsische zählt, gleich einer Abtheilung, 4 Compagnien. Im Kriege wird die Zahl der Festungs=Artillerie=Compagnien auf das Doppelte vermehrt und für jede Artillerie=Brigade 1 Ersatz=Abtheilung (in der Regel 3 Batterien mit einer Handwerks=Abtheilung) gebildet. Jedes bayer. Artillerie=Regiment besteht aus 8 reitenden oder fahrenden Feld=Batterien à 6 Geschütze (bei 2 8 fahrende, bei 2 6 fahrende und 2 reitende Batterien), 1 Fuß= oder Belagerungs=Batterie, 4 Festungs= Batterien und 1 Fuhrwesens=Escadron; das großherz. hess. Artillerie=Corps aus 2 Abtheilungen mit 1 reitenden und 5 Fuß=Batterien; die bayer. Artillerie zählt im Kriege 8, die hessische 2 Ersatz=Batterien. — Die Friedensstärke eines preuß. Feld=Artillerie= Regiments mit 4 Abtheilungen ist 1752 Mann, die Kriegsstärke (ohne Ersatz) 4384 Mann, die Friedensstärke einer Festungs=Artill.=Compagnie ist 107 Mann, die Kriegs= stärke 209 Mann. — 4) Pioniere, 16 Pionnier=Bataillone (1 Garde= und 12 andere preuß., 1 sächs., 1 württemberg. und 1 badisches Bataillon) und 1 bayer. Genie=Regiment (mit 6 Feld= und 4 Festungs=Compagnien und 1 Fuhrwesens= Abtheilung). Das Pionnier=Bataillon zählt 4 Comp. (in der Regel im Frieden 513 Mann); im Kriege werden aus jedem Bataillon (mit Ausnahme der Garde) 3 selbstän= dige Feld= und 3 Festungs=Compagnien gebildet; auch erhält jedes Bataillon 1 Ersatz= Compagnie und werden die erforderlichen Ponton=Colonnen und Feld=Telegraphie=Ab= theilungen aufgestellt. Als Friedensstamm der für Eisenbahnzwecke nothwendigen mobilen Formationen wurde am 1. October 1871 ein Eisenbahn=Bataillon in Berlin (500 Mann) errichtet. — 5) Train. Im Frieden besteht bei jedem Armeecorps 1 Train=Bataillon, aus welchem bei der Mobilmachung die erforderlichen Colonnen und Detachements gebildet werden. Das großherz. hessische Contingent besitzt 1 Train= Compagnie. — 6) Besondere Corps wie der Generalstab, das k. preuß. reitende Feldjäger=Corps, die k. bayer. Leibgarde der Hartschiere, die k. preuß. Schloßgarde=Com= pagnie, die großherz. hess. Garde=Unteroffizier=Compagnie, die 2 bayer. Garnisons= und die 4 bayer. Sanitäts=Compagnien u. s. w.

Die Landwehr ist nur für die Infanterie in ständige Truppenkörper formirt; im Kriegsfalle werden (abgesehen von Bayern) auch die Landwehr=Mannschaften der Cavallerie, nach Maßgabe des Bedarfs, in besonderen Truppenkörpern (Reserve=Caval= lerie=Regimentern) aufgestellt und aus Landwehrmännern (doch auch aus Beurlaubten) Reserve=Jäger=Compagnien — 1 für jedes Jäger=Bataillon — gebildet. Die Land= wehrmannschaften der übrigen Waffen treten bei der Mobilmachung zu den Fahnen des stehenden Heeres.

Die Landwehr=Infanterie besteht aus 4 preuß. Garde=Landwehr=Regimentern (à 3 Bataillone), 110 Landwehr=Regimentern (im Frieden à 2 Bataill., nur 2 hessische á 1 Bataillon), 13 Reserve=Landwehr=Bataillonen (11 preuß., 1 sächs., 1 württemb.) und 32 bayer. Landwehr=Bataillonen, also in Summa aus 275 Bataillonen. Im Allgemeinen ist für jedes Linien=Infanterie= oder Grenadier=Regiment ein Landwehr=Regiment errichtet, welches mit diesem ein gleiche Nummer führt; jedem Füsilier=Regimente entspricht ein Reserve=Landwehr=Bataillon, nur das mecklenburg. Füsilier=Regiment hat ebenfalls ein correspondirendes Landwehr=Regiment[1]). Jedem bayer. Linien=Infanterie=Regimente ent= sprechen 2 Landwehr=Bataillone. Die Landwehr=Bataillons=Bezirke sind zugleich die Ergänzungsbezirke für das stehende Heer und zerfallen, je nach der Seelenzahl der Be=

1) In Baden sind nur 5 Landwehr=Regimenter (à 2 Bataillone) formirt, obschon die Zahl der Linien=Infan= terie=Regimenter 6 beträgt; dem Leibgrenadier=Regimente entspricht nämlich kein Landwehr=Regiment. In Würt= temberg hinwieder besteht ein Reserve=Landwehr=Bataillon, ohne daß — zur Zeit wenigstens — ein Füsilier= Regiment errichtet wäre.

völkerung der Verwaltungsbezirke, mit welchen sie in Uebereinstimmung gebracht sind, oder aus sonstigen localen Ursachen in 2—6 Compagnie= (Aushebungs=) Bezirke. Bei Mobilmachungen wird aus den Mannschaften der Landwehr=Infanterie der Ersatz für die Linien=Infanterie (u. zw. aus den Mannschaften des jüngsten Jahrgangs) und die Reserve des stehenden Heeres gebildet; aus den ältesten Jahrgängen der Landwehr und aus Rekruten wurden 1871 eigene Garnisons=Bataillone formirt. — Wenn ein Land=wehr=Bataillon zum Dienste aufgestellt wird, so findet seine tactische Gliederung in 4 Compagnien statt, mit einer vollen Kriegsstärke von 1028 Mann (ohne Handwerker); auch werden event. Landwehr=Regimenter à 3 Bataillone errichtet. — Auf dem Frie=densfuße sind von der Landwehr=Infanterie nur geringe Stämme (Bezirks=Commanden) vorhanden.

Das deutsche Reichsheer hat (abgesehen von der Gensd'armerie) eine Gesammtstärke von mehr als 400,000 Mann im Frieden und von mehr als 1,340,000 Mann im Kriege.

Die für den Kampf bestimmten Truppenkörper haben folgenden organisations=mäßigen Stand [1]) — Mann:

	Friedensstand.	Kriegsstand.			
		Feldtruppen.	Ersatztruppen.	Besatzungs-truppen.	Zusammen.
Linien-Infanterie	250,761	466,135	181,218		647,353
Landwehr-Infanterie	5,143	—	—	289,337	289,337
Jäger und Schützen	14,746	26,858	6,240	4,064 [2])	37,162
Summe der Infanterie .	270,650	492,993	187,458	293,401	973,852
Cavallerie	68,648	64,916	23,911	19,488 [3])	108,315
Artillerie	46,475	70,703	14,790	55,022	140,515
Pioniere	10,026	17,647	4,684	9,975	32,306
Hauptsumme	395,799	646,259	230,843	377,886	1,254,988
Zahl der Geschütze	1,134	.	.	.	2,238

Auf die einzelnen Contingente vertheilt sich der Kriegsstand der für den Kampf bestimmten Truppenkörper, wie folgt:

	Infanterie.	Cavallerie.	Artillerie.	Pioniere.	Zusammen.
Preußen [4])	635,729	75,225	105,102	24,668	840,724
Oldenburg	6,527	944	304 [5])	—	7,775
Baden	37,044	4,176	5,719	1,819	48,758
Hessen	22,513	2,560	2,199	—	27,272
Thüringische Staaten . . .	19,581	—	—	—	19,581
Anhalt	6,527	—	—	—	6,527
Mecklenburg [6])	14,617	1,888	615 [7])	—	17,120
Braunschweig	6,527	944	155 [8])	—	7,626
Sachsen	60,814	7,008	7,088	1,819	76,729
Württemberg	53,275	5,120	6,045	1,819	66,259
Bayern	110,698	10,450	13,288	2,181	136,617
Summe	973,852	108,315	140,515	32,306	1,254,988

Das deutsche Reichsheer zerfällt in 18 Armeecorps, nämlich in das Garde=Corps, die Armeecorps I—XV und 2 bayerische Armeecorps, welche im Frieden, wie im Kriege in Divisionen und Brigaden getheilt sind. Im Frieden begreift das Garde=Corps 2 Infanterie=Divisionen mit 4 Brigaden, 1 Cavallerie=Division mit 3 Brigaden und 1 Artillerie=Brigade; die Armeecorps I—XV zählen 31 Divisionen (jedes Armee=Corps hat deren 2, das XI. 3) und die sächsische Cavallerie=Division, 62 Infanterie=,

---

1) Zusammengestellt nach den neuesten organisator. Vorschriften, mit Benützung der Daten in „Gen.=Lt. v. Witzleben, Heerwesen u. Infanteriedienst des deutschen Reichsheers, 12. Aufl. Berlin 1871."

2) Reserve-Jäger-Compagnien.

3) Reserve-Cavallerie-Regimenter; hierbei sind 2 Regimenter für jedes Armeecorps angenommen, mit Aus=nahme des Garde= und des 15. Armeecorps, sowie der beiden bayer. Armeecorps; — im Ganzen 29 Regtr., vor=unter 1 großh. hessisches.

4) Incl. Schw.=Sondershausen, Lippe, Schaumburg-Lippe, Waldeck-Pyrmont und die Hansestädte.

5) 2 Fußbatterien im 10. Feldartillerie-Regiment.

6) Meckl.=Strelitz stellt im mecklenb. Gesammt=Contingente 1 Grenadier=Bataillon u. 1 Artill.=Batterie.

7) 1 Fußabtheilung (4 Batterien) im 9. Feldartillerie=Regiment.

8) 1 Fußbatterie im 10. Feldartillerie=Regiment.

31 Cavallerie= und 15 Artillerie=Brigaden; die beiden bayerischen Armeecorps haben 2 Divisionen, 8 Infanterie=, 4 Cavallerie= und 2 Artillerie=Brigaden. — Auf dem Kriegs=fuße wird das Reichsheer in mehrere Armeen gebracht, jede von 2—4 Armeecorps.

Jedes Armeecorps gliedert sich dann 1) in die Feldtruppen (mobiles Armeecorps), mit 2 Infanterie=Divisionen (à 2 Infanterie=Brigaden — jede zu 6 Bataillonen — 1 Caval=lerie=Regimente und 1 Artillerie=Fußabtheilung, außerdem die eine Division mit 1 Jäger=Bataillon, die andere mit den Pionnieren), 1 Cavallerie=Division (2 Cavallerie=Brig. à 2 Regtr. — und 1 reitende Batterie), der Corps=Artillerie (1 Fußabtheilung und 2 reitende Batterien) und der Colonnen=Abtheilung; 2) in die Ersatztruppen; 3) in die Besatzungstruppen und 4) in die Administrationen.

Die Armeecorps (mit Ausnahme des Gardecorps) sind im Frieden, zufolge der allerh. Cabinets=Ordre vom 14. Juli 1871, unter 4 Armee=Inspectionen vertheilt. Die 17 Armeecorps=Bezirke sind gleichzeitig besondere Ergänzungsbezirke; der Er=satzbedarf für das Gardecorps ist auf die preußischen Gebietstheile des I.—XI. Armee=corps=Bezirks vertheilt. Für die Ersatzangelegenheiten zerfällt jeder Armeecorps=Bezirk in die Bezirke der zum Corps gehörenden 3 Infanterie=Brigaden und jeder der letzteren ist wieder in die Bezirke der demselben zugehörigen Landwehr=Bataillone unter=getheilt 1). — An der Spitze des Armeecorps (bezieh. des Gardecorps) steht das Gene=ral=Commando; neben ihm ist für die militär=ökonomische Verwaltung die Corps=Intendantur bestellt, von welcher die Divisions=Intendanturen dependiren. Wird das Armeecorps mobil gemacht, so werden für dasselbe in der Heimat ein stellvertretendes General=Commando und 4 stellvertretende Brigade=Commanden errichtet. —

Die Bezirke der Armeecorps und die Sitze der General=Commanden sind aus Fol=gendem ersichtlich:

Armeecorps.	Bezirk desselben.	Sitz des General-Commando's.
Gardecorps	Königreich Preußen	Berlin.
I. Armeecorps	Provinz Preußen	Königsberg.
II. "	Pommern, Reg.=Bez. Bromberg, Theile der Reg.=Bez. Marien-werder und Danzig	Stettin.
III. "	Provinz Brandenburg	Berlin.
IV. "	Provinz Sachsen, S.=Altenburg, Anhalt, Schwarzburg, Reuß	Magdeburg.
V. "	Reg.=Bez. Posen und Liegnitz	Posen.
VI. "	Provinz Schlesien	Breslau.
VII. "	Westfalen, Theil des Reg.=Bez. Düsseldorf, Lippe, Schaum-burg-Lippe	Münster.
VIII. "	Rheinprovinz, Hohenzollern, oldenburg. Fürstenth. Birkenfeld	Koblenz.
IX. "	Schleswig-Holstein, klein. Theil von Hannover, Lauenburg, Mecklenburg, oldenburg. Fürstenth. Lübeck, Hansestädte	Altona.
X. "	Provinz Hannover, Kreis Rinteln, Jade-Gebiet, Oldenburg, Braunschweig	Hannover.
XI. "	Prov. Hessen-Nassau, Kreis Wetzlar, klein. Theil von Westfalen, Waldeck-Pyrmont, S.=Weimar, S.=Meiningen, S.=Koburg-Gotha, Großherzogth. Hessen	Kassel.
XII. "	Königreich Sachsen	Dresden.
XIII. "	Königreich Württemberg	Stuttgart.
XIV. "	Großherzogth. Baden, Theil von Elsaß	Karlsruhe.
XV. " ²)	Elsaß-Lothringen	Straßburg.
I. bayerisches Armeecorps	Königreich Bayern	München.
II. " "		Würzburg.

1) Die Linien=Infanterie=Regimenter erhalten in der Regel ihren Ersatz aus den gleichnamigen Landwehr=Regimentsbezirken, die übrigen Waffengattungen aus den ganzen Bezirken der betreffenden Armeecorps. Die Re=kruten für das badische Leibgrenadier=Regiment und die für das mecklenburg. Grenadier=Regiment aus Mecklenburg-Schwerin zu stellenden Rekruten werden aus sämmtlichen Ersatzbezirken bezieh. Baden's und Mecklenburg's entnommen. Die aus den Reserve=Landwehr=Bataillons=Bezirken für Infanterie auszuhebenden Rekruten werden, sofern sie nicht zur Aushilfe für andere Armeecorps=Bezirke bestimmt werden, zur Ausgleichung innerhalb des betreffenden Corps=Bezirks verwendet.

2) Zufolge Kabinetsordre v. 29. Juni 1871 bildet Elsaß=Lothringen den Territorial=Bezirk des XV. Armee=corps. Nachdem aber die Bevölkerung dieses Reichslandes der Erfüllung der Militärpflicht derzeit noch nicht un=terworfen ist, so besteht das XV. Armeecorps aus abcommandirten Truppentheilen des deutschen Heeres.

Bestand der Kriegsmarine. Die Kriegsmarine des Reichs ist eine einheit=
liche unter dem Oberbefehle des Kaisers. Die Organisation und Zusammensetzung der=
selben liegt dem Kaiser ob, welcher die Offiziere und Beamten der Marine ernennt,
und für welchen dieselben nebst den Mannschaften eidlich in Pflicht genommen werden.
— Der zur Gründung und Erhaltung der Kriegsflotte und der damit zusammenhän=
genden Anstalten erforderliche Aufwand wird aus der Reichskasse bestritten. — Der Be=
stand an Kriegsschiffen und Kriegsfahrzeugen ist folgender (Novbr. 1871):

1. Dampfschiffe.

	Zahl b. Schiffe.	Geschütze.	Pferdekraft.
Panzer-Fregatten (1 zu 23, 2 zu 16 Geschützen) . . .	3	55	2900
Panzer-Fahrzeuge (1 zu 4, 1 zu 3 Geschützen)	2	7	600
Linienschiff	1	?	800
Gedeckte Corvetten (jede zu 28 Geschützen)	5	140	1900
Glattdecks-Corvetten (2 zu 17, 2 zu 14 Geschützen) . .	4	62	1126
Aviso's (1 zu 4, 2 zu 2 Geschützen)	3	8	775
Kaiserl. Yacht (kann 2 Geschütze führen)	1	—	160
Transportschiff	1	9	—
Fahrzeuge zum Hafendienst	3	—	50
Kanonenboote (8 zu 3, 14 zu 2 Geschützen) . . .	22	52	1460
Summe der Dampfschiffe	**45**	**333**	**9791**

2. Segelschiffe.

Fregatten (1 zu 48, 1 zu 38, 1 zu 28 Geschützen) . .	3	114	—
Briggs (2 zu 16, 1 zu 8, 1 zu 6 Geschützen)	4	46	—
Kasernenschiff	1	9	—
Hafen=Fahrzeuge	4	—	—
Summe der Segelschiffe	**12**	**169**	**—**

3. Ruderfahrzeuge.

Kanonen=Schaluppen (jede zu 2 Geschützen)	32	64	—
Kanonen=Jollen (jede zu 1 Geschütz)	4	4	—
Summe der Ruderfahrzeuge	**36**	**68**	**—**
Gesammtsumme der kaiserl. Schiffe u. Fahrzeuge	**93**	**570**	**—**

Der Bestand des Marine=Personals ist folgender: 332 See=Offiziere (worunter
3 Admiräle) und See=Cadetten, 2 Flotten=Stammdivisionen (4 Matrosen=Abtheilungen
und 2 Comp. Schiffsjungen), 3592 Mann und 330 Schiffsjungen, 2 Werft=Divisionen
(die technischen Branchen der kaiserl. Marine begreifend), 1067 Mann, das Seebataillon
(6 Infanterie=Compagn.), 1064 Mann, die See=Artillerieabtheilung (3 Compagn.),
472 Mann, die Marine=Stabswache (52 Mann), die Marinebeamten ꝛc., im Ganzen
ungefähr 7300 Individuen. Bei eintretender Kriegsgefahr wird die Flotte, nach Maß=
gabe des Bedarfs, durch die Mannschaften der Seewehr verstärkt. — Es bestehen zwei
kaiserl. Marine=Stationen: Kiel (für die Ostsee) und Wilhelmshaven (für die Nordsee).
Die Flagge der deutschen Kriegs= und Handelsmarine ist schwarz=weiß=roth.

Festungen und Kriegshäfen. Das Deutsche Reich besitzt 42 Festungen und
befestigte Plätze und 2 Kriegshäfen (Kiel und Wilhelmshaven an der Jade). Außerdem
befindet sich zu Danzig eine kaiserl. Schiffsbauwerft.

Großherzogthum Luxemburg.

Das Großherzogthum Luxemburg mit einem Flächeninhalte von 47 geogr. Quadrat-Meilen und einer Bevölkerung von ungefähr 200,000 Seelen, welche, abgesehen von wenigen Wallonen an der belgischen Grenze, dem deutschen Stamme angehört, zerfällt gegenwärtig in folgende drei Districte, die wieder in 12 Kantone untergetheilt sind.

Districte.	Kantone.	Flächeninhalt (in geogr. Q.-M.)	Bevölkerung am 3. Dec. 1867.	am 1. Jan. 1869.	Bewohner auf 1 geogr. Q.-M. (1869.)
Luxemburg . .	4	16,43	87,673	88,235	5,370
Diekirch . . .	5	21,04	69,182	71,580	3,402
Grevenmacher	3	9,53	43,103	43,875	4,604
Summe . .	12	47,00	199,958	203,690	4,334

Obschon vollkommene Glaubens- und Gewissensfreiheit herrscht, bekennen sich doch die Bewohner fast ausschließlich zur römisch-katholischen Religion, deren Oberhirt der unmittelbar dem päpstlichen Stuhle unterstehende Bischof in der Stadt Luxemburg ist. Die wenigen Evangelischen (Ende 1867 361), vereinigt in einer Gemeinde, haben sich im Jahre 1868 unter das Regiment der S.-Weimar'schen lutherischen Landeskirche gestellt. Juden gab es Ende 1867 565 im ganzen Lande. — Das Verhältniß der männlichen Bevölkerung zur weiblichen ist, wie 1000:993. Die Hauptstadt des Großherzogthums ist die Stadt Luxemburg, welche am 1. Jan. 1869 13,574 Einwohner zählte.

Die Hauptnahrungszweige der Bevölkerung sind der Ackerbau, die Viehzucht, der Bergbau und der Hüttenbetrieb auf Eisen und im nördlichen Theile des Landes, dem sogen. Oesling, auch die Cultur der Lohhecken. Vom Gesammtareale sind mehr als 95 Procent productiv, über 42 Proc. sind Ackerlande, nahezu 2 Proc. den Gärten und Weinbergen, über 22 Proc. den Waldungen und mehr als 8 Proc. den eben erwähnten Lohhecken gewidmet. Im Jahre 1868 wurden im Großherzogthume 14,441,188 Zollctr. Eisenerze und 2,108,160 Zollctr. Roheisen producirt. Salz und Kohlen sind im Lande nicht vorhanden. Die gewerbliche Thätigkeit, deren Betrieb vollkommen freigegeben ist und deren Interessen in einer Handelskammer in der Hauptstadt wahrgenommen werden, ist am bedeutendsten in der Eiseninbustrie, in der Lederbereitung und der Verfertigung von Handschuhen, in der Erzeugung von Porzellan und Steingut (2 Porzellan- und 4 Steingutfabriken), von Papier und in der Bereitung von Mehl, welche Industriezweige auch für eine namhafte Ausfuhr arbeiten. Die Textil-Industrie beschäftigt (Ende 1861) 7599 Feinspindeln und 2037 Webestühle (1494 in Leinen, 358 in Schafwolle, 134 in Baumwolle und 51 in Strumpfwaaren), welche letzteren aber größtentheils dem handwerksmäßigen Betriebe angehören. Sehr ansehnlich ist die Branntweinbrennerei (etwa 2000 Etablissements); die Industrie in Rübenzucker beschäftigt, jene in Tabak etwa 40 Fabriken. Auch die Bierbranerei ist von Belang. Gekräftigt durch die natürliche und Kunstproduction, haben Handel und Verkehr einen lebhaften Aufschwung genommen, zu welchem wol auch die Angehörigkeit des Landes zum deutschen Zollgebiete, die guten Landstraßen, die Eisenbahnen, welche gegenwärtig eine Länge von 23 Ml. erreichen und die internationale Bank zu Luxemburg wesentlich beitragen. Das Postwesen hat in Hinsicht auf den Verkehr mit dem übrigen Deutschland durch den Postvertrag vom 23. Nov. 1867 eine große Förderung erfahren.

Für die geistige Cultur sorgen das Athenäum, das Priesterseminar, die Normal- und die Musikschule in der Hauptstadt, die Progymnasien zu Diekirch und Echternach, die Ackerbauschule in Echternach und 500 Primär- oder Volksschulen.

Das Großherzogthum Luxemburg ist eine unabhängige Repräsentativ-Monarchie, die sich mit dem Königreiche der Niederlande in Personalunion befindet, indem das in den Niederlanden regierende Haus Nassau-Oranien auch in Luxemburg zur Herrschaft berufen ist. Der König-Großherzog übt die gesetzgebende Gewalt nur unter entscheidender Mitwirkung der Abgeordneten-Kammer aus. Er läßt sich im Großherzogthume durch einen Prinzen seines Hauses — den Statthalter — vertreten; seinem Cabinete in Haag ist ein Secretariat für die luxemburgischen Angelegenheiten beigegeben. Er wird mit dem vollendeten 18ten Lebensjahre großjährig und verleiht die beiden Orden vom goldenen Löwen und von der Eichenkrone. Die Erbfolge ist die agnatische. — Die Kammer der Abgeordneten besteht aus 40 Mitgliedern (1 auf 5000 Einwohner), welche von den Staatsbürgern in den 13 Wahlkantonen auf 6 Jahre direct gewählt und alle 3 Jahre zur Hälfte erneuert werden. Das active und passive Wahlrecht ist abhängig von der Vollendung des 25sten Lebensjahres, ersteres auch von der Entrichtung eines Census, der nicht höher als 30 und nicht niedriger als 10 Franken sein darf. Die Kammer tritt jedes Jahr zum ordentlichen Landtage zusammen; sie ernennt ihren Präsidenten und Bice-Präsidenten. — (Verfassung vom 17. October 1868; Wahlgesetz v. 1. Decbr. 1860, abgeändert durch das Gesetz v. 30. November 1868.)

Die oberste Staatsbehörde ist die Regierung mit dem Sitze zu Luxemburg, deren Mitglieder (ein Präsident mit dem Titel eines Staatsministers und 3 General-Directoren) mit der verantwortlichen Leitung der 4 Verwaltungs-Departements oder General-Directionen (für die auswärtigen Angelegenheiten, für das Innere, für die Justiz und für die Finanzen) betraut sind. Von der Regierung, neben welcher ein Staatsrath besteht, ressortiren verschiedene obere und untere Behörden, von denen besonders die Districts-Commissariate namhaft gemacht werden müssen, als die Administrativbehörden für die innere und Polizeiverwaltung in den drei Districten. Diesen sind wiederum die Bürgermeister und Schöffen-Collegien in den Gemeinden untergeordnet, welchen die Gemeinderäthe als Communalvertretungen gegenüberstehen.

Die Rechtspflege wird von dem Obergerichtshofe und dem Assisenhofe in der Hauptstadt, von 2 Bezirksgerichten und von 12 Friedensgerichten in den Kantonen ausgeübt.

Das Budget weist für das Jahr 1871 eine Einnahme von 4,760,020 Francs (à 8 Sgr.) und eine Ausgabe von 4,145,380 Frcs. nach. — Die Staatsschuld beträgt 12 Mill. Frcs.

Das Militär besteht aus einem Jägercorps, das in 1 Bataillon mit 4 Compagnien formirt ist und eine Friedensstärke von 518 Mann hat; hierzu kommt die Gensd'armerie von 113 Mann. Durch den zwischen den europ. Großmächten und Belgien am 11. Mai 1867 in London abgeschlossenen Vertrag wurde das Großherzogthum Luxemburg als ein neutraler Staat erklärt und die Festungseigenschaft der Stadt Luxemburg aufgehoben, wobei Preußen sein bisheriges Besatzungsrecht in derselben aufgab.

Fürstenthum Liechtenstein.

Das Fürstenthum Liechtenstein hat nach der im Jahre 1870 vollendeten Catastral-Vermessung einen Flächeninhalt von 3,24 geogr. Quadrat-Meilen und nach der Zählung vom Jahre 1868 eine anwesende Bevölkerung von 8060 und eine einheimische Bevölkerung von 8010 (4110 männlichen und 3900 weiblichen) Personen, durchaus deutschen Stammes und fast ausschließlich katholischer Religion. Die Volksdichtigkeit beträgt etwa 2500 Menschen auf 1 □.-Mle. Der Hauptort Vaduz zählt (1868) 921 Einwohner.

Die Haupterwerbsquelle ist die Landwirthschaft. Der durch vorzügliche Weiden begünstigte Viehstand belief sich im Jahre 1867 auf 371 Pferde, 4293 Stück Rindvieh, 931 Schafe, 1303 Ziegen und 915 Schweine. Als Alpenland besitzt das Fürstenthum ein großes Waldareal. Die gewerbliche Industrie ist unbedeutend. — Das Land gehört dem allgemeinen österreichisch-ungarischen Zoll- und Steuergebiete an (Vertrag v. 23. Dec. 1863).

Die Verfassung ist die constitutionell-monarchische. Der Fürst, dessen Thron im Mannsstamme des liechtensteinischen Hauses erblich ist, bekennt sich zur katholischen Kirche und ist mit dem 18ten Lebensjahre volljährig; er übt die gesetzgebende Gewalt nur unter der entscheidenden Mitwirkung des Landtags aus, welcher aus 15 Mitgliedern besteht, von denen 3 vom Fürsten ernannt, 12 durch Wahlmänner gewählt werden. Activ und passiv wahlberechtigt sind alle männlichen Landesangehörigen, die im Vollgenusse der bürgerlichen Rechte stehen, das 24ste Lebensjahr erreicht haben, einen Beruf für sich auf eigene Rechnung treiben und im Fürstenthume wohnen. Der Landtag wird vom Fürsten jährlich einberufen; er wählt sich seinen Vorsitzenden, der aber der fürstlichen Bestätigung bedarf. Die Abgeordneten werden auf 6 Jahre ernannt und gewählt. (Verfassungs-Urkunde vom 26. Septbr. 1862.)

Die gegenwärtige Einrichtung der Landesbehörden beruht auf der Organisations-Verordnung v. 30. Mai 1871. Oberste Instanz in allen Administrativsachen ist die fürstl. Hofkanzlei in Wien. Als Verwaltungsbehörde des Landes ist die fürstl. Regierung in Vaduz eingesetzt; von dieser dependirt die Kassenverwaltung (für die Steuereinhebung und Verwaltung der öffentlichen Fonds), während die Buchhaltung, gleich der Domänen-Verwaltung, der fürstl. Hofkanzlei untersteht. — Für die Rechtspflege fungiren: in I. Instanz das Landgericht in Vaduz, in II. Instanz das fürstl. Appellationsgericht, in III. Instanz das k. k. österreich. Ober-Landesgericht in Innsbruck.

Die neueste Staatsrechnung für das Jahr 1870 weist 50,253 fl. österr. Währ. Einnahmen und 43,952 fl. 19 Nkr. ö. W. Ausgaben nach. — Die Staatsschuld beträgt 50,000 fl.

Das Militär ist seit 1868 aufgelöst und die Bevölkerung ist gegenwärtig von der Wehrpflicht entbunden.

(Abgeschlossen Anfangs December 1871.)

Elsaß-Lothringen.

Durch den Präliminar-Friedensvertrag vom 26. Febr. und den definitiven Friedensvertrag v. 10. Mai 1871, zu welch' letzterem die zusätzliche Uebereinkunft v. 12. Oct. desselben Jahres gehört, wurden von Frankreich an das Deutsche Reich folgende Gebietstheile abgetreten:

das Departement Nieder-Rhein,

das Departement Ober-Rhein (ohne den größten Theil des Arrondissements Belfort),

das Mosel-Departement (ohne den größten Theil des Arrondissements Briey und ohne 12 Gemeinden des Arrondissements Metz),

etwa der dritte Theil des Meurthe-Departements, nämlich die Arrondissements Salzburg und Saarburg (ohne 24 Gemeinden),

von dem Vogesen-Departement der Kanton Schirmeck und 7 Gemeinden des Kantons Saales,

zusammen mit einem Flächeninhalte von 262,6 geogr. Quadr.-Meilen und einer Bevölkerung (31. Dec. 1866) von 1,597,179 Seelen[*]).

Durch das Reichsgesetz vom 9. Juni 1871 mit Deutschland für immer vereinigt, bilden diese Gebietstheile nunmehr das Reichsland Elsaß-Lothringen, in welchem die Staatsgewalt von dem deutschen Kaiser ausgeübt wird.

Die administrative Eintheilung ist in 3 Bezirke, derzeit noch Departements genannt (Nieder-Elsaß, Ober-Elsaß und Deutsch-Lothringen), mit 22 Kreisen.

Wir geben in Folgendem eine kurze topographische Uebersicht des genannten Reichslandes und verweisen rücksichtlich des Details auf das im III. Bd. 2. Abth. S. 405—416 Gesagte. Die Bevölkerungszahlen bei den Ortschaften beziehen sich auf den Census vom 31. Dec. 1866.

I. Nieder-Elsaß mit 8 Kreisen. 1. Stadtkreis Straßburg mit der Stadt gl. N. (Argentoratum), ⅓ St. v. Rhein am Rhein- und Jll-Kanal in fruchtbarer, gewerbreicher Ebene, von 1681 bis 1870 französisch, 84,167 E., Münster 1015—1273 erbaut, mit dem von Erwin v. Steinbach vollendeten 438' hohen Thurme; Univ. u. a. wichtige Bildungsanstalten; bed. Jnd. u. Hdl., 2 Messen. Hier machte Joh. Guttenberg 1439 den ersten Versuch, mit beweglichen Lettern zu drucken (daher Denkmal desselben), und druckte der Buchdrucker Mentel 1466 die erste deutsche Bibel. — 2. Landkreis Straßburg. Brumpth, a. d. Zorn, 5619 E., Schiltigheim nahe bei Straßburg, 4265 E., Fabr. — 3. Erstein a. d. Jll, 3599 E., Bleichen, Färb. Jllkirch a. d. Jll, 4668 E., Leinwand- u. Eisenfbr. Ober-Ehnheim (Obernai) 5185 E., Fb. Benfeld, 2757 E. — 4. Schlettstadt a. d. Jll, 10,040 E., sehr alt, Tuchfbr., Metallgazefbr., Krapp- u. Hanfbau. Marlolsheim, 2517 E. Anbau im Thal 2007 E., Pariser Stifte. Barr, 5307 E., Fbr., Weinbbl.

Kestenholz (Chatenois), 4062 E., Baumwollweb. Dambach, 3322 E. Scherweiler, 3009 E. Weiler (Villé), 2535 E. — 5. Molsheim a. d. Breusch, 3560 E., Stahl- u. Waffenfbr., Hbl., der „Finkenwein." Rosheim, 3910 E., Baumwollweb. Waselnheim (Wasselonne), 4308 E. Strumpfw., Mühlsteine. Mutzig, 3668 E., Gewerbfb., Weinbau. Schirmeck in den Vogesen a. d. Breusch, 1376 E., Jndustr. — 6. Zabern (Saverne), a. d. Zorn, 5489 E., Fbr., Holzhbl. Jngweiler a. d. Moder, 2229 E. Maursmünster (Marmoutier), 2158 E. Lützelstein (Petite-Pierre), festes Schloß, 1007 E. Saarbockenheim (mit Alt- und Neu-Saarwerden zus. Saarunion), 3498 E., Fbr. Buchsweiler, 3698 E., Leim- u. Knopffbr. — 7. Hagenau a. d. Moder, 11,427 E., Thonwaarenfbr., Baumwollspin., Webereien, Krapp- u. Hanfbau. Bischweiler a. d. Moder, 9911 E., Tuch- u. Handschuhfb. Niederbronn, 3391 E., Eisenhütten, Bad. Reichshofen, 2895 E., Krappbau, Krappmühlen, Papierfbr. — 8. Weißenburg a. d.

---

*) Berechnet auf Grund der Daten in Heft I. und II. des 11. Jahrg. der Zeitschrift des k. preuß. statistischen Bureau's, Berlin 1871.

Lauter, 5570 E., Fabr., Weinbau. Lauterburg a. b. Lauter, 2005 E., Bleichen. Selz a. b. Selz u. Sauer, 1934 E., Nagelschmieden, Orgelbau. Sulz unterm Wald, 1667 E. Wörth a. b. Sauer, 1114 E.

II. Ober-Elsaß mit 6 Kreisen. 1. Colmar a. d. Fecht, 23,669 E., Leinwand-, Kattun- u. Baubfbr. Türkheim a. d. Fecht, 2429 E., Baumwollspinn., Papierf. Winzenheim, 4086 E., Kattun-, Oel- u. Seifenfbr. Münster, im Gebirge a. d. Fecht, 4762 E., Baumwollweb., Papierfbr. Neu-Breisach, Fest. am Rhone-Rhein-Kanal, 1981 E. — 2. Rappoltsweiler (Ribeauviller), 7146 E., Web., Färber., Weinbau („Trottacker, Zahnacker".) Heiligkreuz im Leberthal (St.-Croix-aux-Mines), 3510 E. Ammerschweier, 2022 E. Bergheim, 3089 E. Ingersheim, 2498 E. Schnierlach (la Poutroye), 2592 E. St. Pilt (St. Hippolyte), 2291 E. Urbeis (Orbey), 5431 E. Kaisersberg, 3173 E., Baumwollspinn. Markirch (Sainte-Marie-aux-Mines) am Giesen, 12,425 E., bedeut. Fabr. — 3. Gebweiler a. d. Lauch, 12,218 E., Spinn., Weber., Weinbau. Sulzmatt, 2698 E., Spinn., Weberei. Sulz, 4635 E., Band- u. Seifenfabr. Ensisheim, 3847 E., Kattun- u. Strohhutfabr. Ruffach, 3547 E., Strumpfwaaren- u. Plüschfabr., Weinb. — 4. Thann a. d. Thur, 8154 E., Leinwb. u. Filzfabr., Maschinenbau, Weinb. Sennheim (Cernay), 4208 E., Fabr. Maasmünster (Massevaux), 3570 E., Kupferfabr. Bitschweiler, 2830 E. St. Amarin, 2314 E. — 5. Mühlhausen (Mulhouse) a. d. Jll u. am Rhone-Rhein-Kanal, ehem. Hptst. einer kleinen mit der Schweiz verbundenen Republik, 1797 bis 1870 französisch, 58,773 E., sehr bed. Fabr., bes. Kattunbr. u. Maschinenb. Hüningen a. Rhein u. der Schweizer Grenze, 1844 E.

Rixheim, 3266 E. — 6. Altkirch a. b. Jll, 3193 E., Strumpf- u. Fayencefabr. Pfirt (Ferette), a. d. Südgrenze, 654 E. Damerkirch (Dannemarie) a. d. Larg, 1146 E., Grenzstation für Kanal u. Eisenbahn. Die letzten deutschen Orte an den nach der Franche-Comté führenden Schienen- u. Wasserstraßen sind Alt- u. Jung-Münsterol (Montreux) gegenüber dem französisch gebliebenen Schloß Münsterol.

III. Deutsch-Lothringen mit 8 Kreisen. 1. Stadtkreis Metz, mit d. St. gl. N. an d. Mosel, 54,817 E., ehem. Hptst. d. Austrasien, starke Fest., Kathedrale, Akademie, rabbin. Centralschule, Fabr., Hdl. — 2. Landkreis Metz. Ars a. d. Mosel, 5860 E., Eisen- u. Papierfabr. Gorze an der Gorze, 1774 E. Bionville, Gravelotte, St. Privat, Schlachtfelder. — 3. Diedenhofen (Thionville), a. d. Mosel, 7376 E., Fest. Hayingen (Hayange), 3696 E., u. Moyeuvre, 3195 E., Hochöfen, Waffenfabr. Sierk, 2390 E. — 4. Bolchen (Boulay), 2870 E. Fallenberg (Faulquemont), 1143 E. Busendorf (Bouzonville), 1883 E. — 5. Forbach, 5691 E., Fabr., Steinkohlen. St. Avold, 2925 E. Homburg, Hochöfen u. Eisenhämmer. Saaralbe, 3383 E. Styring-Wendel, 3310 E. Püttlingen, 2363 E. — 6. Saargemünd (Sarreguemines) a. d. Saar, 6802 E., Fayence- u. Tabakdosenfabr. Bitsch, 2740 E., Felsenfestung. Großblittersdorf, 2115 E. — 7. Salzburg (Chateau-Salins), 2323 E. und Vic, 2480 E., Salinen. Marsal, kleine Festung, 931 E. Dieuze, 3104 E., Steinsalz, chemische Fabr. — 8. Saarburg (Sarrebourg) a. d. Saar, 3030 E., Eisenwerke, Glockengieß. Finstingen (Fenetrange), 1428 E. Pfalzburg, 3564 E., Fest. Lörchen (Lorquin), 1035 E. Dachsburg (Dabo) in den Vogesen, 2673 E. Fabr.

Druck von Hunderstund & Pries in Leipzig.